わたしの旅ブックス
001

テキトーだって旅に出られる!

蔵前仁一

産業編集センター

はじめに

海外旅行がしたいけど、何もわからないし、恐いし、出かける勇気がないという人がいるかもしれない。あるいは、バックパッカーのように一人で旅をするのは、いろいろな知識や技術が必要だから、自分には無理だと考えている人もいるかもしれない。

旅に出るのに、旅をしたいという気持ち以外の何が必要かというのが、この本を書くテーマだ。パスポートも持っていない、バッグの選び方もわからない、両替の仕方も知らない、言葉も話せない。そんな自分に海外旅行ができるのか。

実は、バックパッカーを長年やってきた僕も、人に教えられるようなもろもろの技術はほとんど持ち合わせていない。そんな人間がよくもまあこんな本を書くものだとあきれる読者もいるかもしれない。

もちろん旅をしていくうちに、いろいろな経験を積んで、両替の仕方やホテルの探し方のコツぐらいは一応知っている。だからといって、両替で失敗しないかというと、今でも失敗はするし、泊まったホテルが最悪だったなどということはしょっちゅうある。長いあいだ旅をしてきたが、今でも失敗の連続だ。しかも極めつきの方向音痴。だから、僕の話など上手に旅をしたい人の参考にはまったくならない。

僕はこれまで旅の本を何冊か書いてきたので、紹介されるときに「旅の達人」などと呼ばれることがある。単なるキャッチコピーのようなものなので、あえて積極的に否定はしなかったが、自分では旅の達人などとはまったく思っていない。長い期間にわたって多くの国を旅しましたというと、それだけで旅の達人に見えるようだが、実は長期間の旅行の場合は、あまり旅の技術は必要ないのだ。むしろ、短い期間であちこちへ旅をするほうがよほど技術が必要になる。

僕の友人には会社勤めをしながら、休暇を使って一週間から一〇日ほどの日程でアジアはもちろんアフリカや南米まで旅する人がいる。彼の綿密な旅の計画や準備を見ると、とても僕には真似できないようなことばかりだ。こういう人こそ本物の「旅の達人」といえる。僕なら一〇日でアフリカまで行ってこいといわれたら、到着した都市に数日泊まってお終いだ。

とはいえ、綿密な計画を立てなければ、一週間ぐらいの旅はできないかといえば、もちろんそれなりの旅はできる。僕のように、到着した街で数日過ごすだけということになるかもしれないし、ほんの数か所まわるだけの旅になるかもしれない。例えば、一週間でインドや中国の主要都市をすべてまわるのは不可能だが、綿密な準備などしなくても、インドならデリーからコルカタまで、中国なら北京から上海まで旅をすることはそれほどむずかしくない。

この本を読んでも決して上手に旅ができるようにはならないが、下手でも旅ができるということがわかる。僕の旅は自分でいうのもなんだが終始一貫「下手な旅」だった。ドジを踏み、効率が悪く、見逃すものが多かった。この本に書かれているのはそのようなことばかりだ。もちろん自慢できるようなことではないが、それでも旅はおもしろい。

ドジを踏んでもイヤにならない。効率は悪いほうが予想外のものに出会える。見たいものを見逃すと悔しい！　けれど、だからといって旅が自分にとって意味のないものになるわけではない。

上手に旅をしようと思うと、あらかじめホテルを調べ、交通機関をチェックし、見どころも押さえ、綿密なスケジュールを立てる必要があるのかもしれない。あるいは、安い航空券をネットで調べ、マイルがうまくたまるようなカードの申し込みも検討するかもしれない。持ちやすいバッグをネットや店で調べ、レトルトの日本食もチェックする必要がある。実際、そのような情報はネットにたくさん出ているし、それは間違っていないだろう。だが、そんな多くのことを経験のない人がいきなりやろうとしても無理だ。僕なんか今でもほとんどやったことがない。ずぼらな性格なので、そんなめんどくさいことはやってられない。多くの準備をすべてそつなくこなそうと思ったら、旅に出るのがいやになるのは当然だ。それでやっぱり旅なんか向いてないなどと思うのは本末転倒である。

それじゃ、準備などぜんぜんしないでも大丈夫なのか、パスポートを持ち飛行機に乗っていきなり海外に出てもぜんぜん問題ないのかといわれれば、問題はある。その問題がどの程度のものかは、行った国と取り巻く状況によってさまざまだが、多少の問題は起きるだろう。僕もそうだった。両替のうまい方法を知らずに、レートの悪い店で両替してちょっと損したとか、何も知らずに長距離バスに乗ったら、途中でぜんぜん食料が手に入らずに腹が減ったとか、空港でタクシーに乗ったら、思い切りぼられたとか、ビザが必要なのを知らずに国境まで行ったら追い返されたとか、それでも通せとがんばったら、役人にワイロを要求されたとか。旅には予定外のハプニングがつきもので、どんなに準備していっても、想定外のことは必ず起きる。

アフリカの国境では、隠しておいた現金が見つかって、全額没収といわれたことがある。そこをなんとか五〇ドルで、いやダメだ、それなら六〇ドルで、ぜんぜんダメとやりあい、幾度かの交渉の末一〇〇ドル払って通してもらった。そのときはかなりショックだったが、その後の旅に支障があったわけではないし、なんとかなったのだ。結局のところ、このようなハプニングはそのときどきになんとか対処するしかない。だが、結局のところ旅はできるのである。

例えば、初めての海外旅行で僕はアメリカへ行った。英語はぜんぜん話せない。ホテルでチェックインするときに、フロントの人間に「これはあなたの宿泊カードですか?」といわれたのさえ理解できなかった。しょうがないので紙に書いてもらって（中学一年生程度の英語だから）ようやく理解できたほどだ。

それで旅ができないかといえば、もちろんできる。言葉の話はまたあとで書くが、言葉なんか話せなくても旅行者にとってたいした問題にはならない。ビジネスならそうはいかないだろうが、外国人観光客や旅行者が現地の言葉を話せないのは当然といえば当然なのだ。もちろん話せるほうがずっといいが、旅ができない理由にはならない。僕がむかし会った日本人旅行者など、何年も世界各地を旅しているのに、日本語以外はほとんど話せなかった。それでも別に問題はないよと笑っていたぐらいだ。

あらかじめ書いておくが、個人旅行には不向きな人がいる。たとえていえば、個人旅行とは車の運転のようなものだ。免許を取る前は、車の運転ができるのか少々不安もあるが、それでも運転したい、運転せざるを得ないという理由から免許を取得し、運転を始める。それでたいていの人は運転できるようになる。若者からお年寄りまで幅広く車を運転している。個人旅行もそれと同じで、やる前はちょっとむずかしそうに見えても、やってみれば案外誰でもできるものなのだ。

ただ、中には運転がどうしても恐くてダメだという人もいるだろう。僕の友人にも免許は取ったものの、運転が恐いのでまったくやらないという人もいる。そういう人はバスや電車やタクシーを使って移動するしかないが、それはそれで特に生活に問題はない。

これと同じで、個人旅行も向かない人はいる。そのような人は団体で旅行すればいいのだ。それで海外旅行はできる。

本書をお読みになる読者は、あくまで個人(バックパッカー)で旅行したいんだけど、どうしたらいいんだと考えている人だろう。

おそらく、他の旅行入門書を読めば、そういうノウハウがいろいろ書かれているのかもしれない。僕はガイドブック以外の入門書は読んだことがないのでよくわからないが、細かい技術は本で読んでもたぶん身につかない。僕の場合、ガイドブックでさえ行く前に読んでもすぐ眠くなるタイプで、飛行機の中で読むことにしているのだが、それでも眠ってしまうので、結局いつもホテルに着いてからぱらぱらめくっている。それでも世界をあちこち旅行できるのだ。

　というわけで、あれこれ悩まずに、行きたかったらさっさと飛行機のチケットを買って旅立ちなさいということで終わりなのだが、それでは身も蓋もない。これから、僕が体験した旅の様子を描きながら、いろいろな失敗例や苦労した話などをお伝えしたいと思う。旅にある程度の失敗や苦労はつきものだが、旅で失敗したからって人生を失うわけではないし、多少苦労するからこそ達成感があるのだ。どんなことでもまったく失敗せず、苦労しないことなどない（いくら準備しても、予定外のことが起きるのが旅だ）。むしろ、失敗して当たり前、多少の苦労はしょうがないと思えば、たいした準備をしなくても旅なんかできるのだ。

テキトーだって旅に出られる！
目次

イラスト／蔵前仁一
図表デザイン／山本祥子（産業編集センター）

すぽっ
おん
おん
おん
おん
おん
おん
ビリッ
おん
いたっ
ひ〜〜っ
ゴンッ
ぐちゃ
1996

第一章

旅へ一歩を踏み出す

不安と恐怖

初めて旅に出るときは、えもいわれぬ恐怖感がある。楽しい海外旅行に出るのだが、行ったことがないと何が起こるかわからない不安があり、言葉が通じないのではないか、ちゃんとバスに乗れるのか、ホテルにたどり着けるのか、あれこれいろいろな不安材料が頭をよぎる。当然だ。もちろん僕だってそうだった。

前にも書いたように、僕の初めての海外旅行はアメリカだった。夜中にロサンゼルスの街でバスを降ろされ、一人で恐くて、予約したホテルへほとんど駆け足で向かった。当時のロサンゼルスのダウンタウンは治安が悪いといわれていたので、街に立っている人がみんな強盗に見えた。

息を切らしてホテルにたどり着くと、ホテルの大きな木のドアはぴたりと閉じていた。冗談じゃないよ。僕はドアを激しく叩いたが何の反応もない。

どうしよう。恐怖感がどんどん大きくなってきてパニック寸前でおたおたとホテルのまわりをうろついた。裏口なら誰かいるかもしれないと思ったのだ。すると、煌々《こうこう》とした灯りを放つ大きなガラスの扉がそこにあった。なんとホテルの入口はそこだったのだ。あとから聞くと、木のドアはむかし使われていたものだったらしい。やれやれである。これが海外旅行初めてのホテル体験だ。

だが、こういう体験は味わいたくて味わうものではないにしても、体験する価値のあるものだと僕は思う。旅行に出るときのドキドキする不安と恐怖感。未知のものに対する恐れ、警戒、そしてその向こうへの期待感。こういった感情は旅をすればするほど薄れていく。初めて行くところでないと抱けないものだ。

そんな感情など持ちたくない、安心して旅行したいと思う人もいるだろう。例えば、熱海に温泉旅行へ行くのにドキドキするような不安感を持つ人はいない。それは熱海がまったく安全で何も問題など起こらないと知っているからだし、熱海のことをだいたいわかっているからだ。たぶんハワイでも同じかもしれない。そんな人がこの本を読むことはまずないだろうし、安心して熱海やハワイに行けばいいだけだ。

未知の世界へ行くことは、不安や恐怖と背中合わせのものだ。自分がそれを感じるのは、それほど自分が知らない世界へ旅立つということである。ここがいちばん大事なところだ。だから旅はおもしろいのだ。

冒険という言葉がある。命を賭けて登山をしたり、大海原へヨットで乗り出すことを冒険というが、こういう考え方があると友人が僕にいった。

人には誰しも快適な空間がある。それは自分がよく見知った空間であり、そこには肉親や親しい友人がいる。そこにいればごく普通に快適な生活を送ることができる。そこから離れれば離れるほど人は不安になる。だから、自分の快適空間から離れることがその人にとっての冒険であると。

旅は命を賭けるようなものではないが、自分の快適空間からはるか遠くに離れるという意味では、一種の冒険なのだ。恐怖や不安があるのが当然で、それがなければ旅にはならない。それを乗り越える勇気のある人だけが旅に出られるのだ。そして、乗り越えた先には、必ずおもしろい世界が待っている(はずだ)。

旅をすればするほどこういう感情は薄れていくと書いたが、実は快適空間から離れるという意味では、旅に出るのが楽しみでありつつも、めんどくさいと感じることが僕にもある。出発の日が徐々に近付いてくると、憂鬱になってくるのだ。しばらく日本を離れるとなると、仕事も前倒ししなくちゃならないし、雑事の整理もある。航空券の手配もいるし、ホテルも予約しなくちゃならない。旅先の資料も読んでおかねばならぬ。それからビザも必要だ、両替もしなくちゃ。ああ、もう海外に行くのがめんどくさい！　となる。結婚を控えた人がなぜか憂鬱になるマリッジ・ブルーというのがあるが、それと似ているといえば似ているかもしれない。トラベル・ブルーとでもいうかな。

いよいよ出発の日になって電車に乗る。まだなんか憂鬱だ。新聞はちゃんと止めたよな。ガスの元栓も閉めたし、とかなんとか頭の中で不安要素をチェックしつつ成田に着くと、ようやくモードが海外旅行気分に切り替わる。よーし、出発だあ！

旅に出ればもう憂鬱になっているヒマはないのだが、ヒマをもてあますような旅をしていると、意外にも旅先でトラベル・ブルーになることもある。旅に出ておいて旅に出たくないと憂鬱になるなんて変な話ではあるのだが、実際そういうことはあるのだ。

長い旅をしていると、休憩のために居心地のいいところで数週間も滞在することがある。これを旅行者は「沈没」と呼んでいるが、旅慣れた旅行者でさえ、こういう滞在が長くなると次の目的地に向かう気力が萎えてくるのだ（一九七〇年代以前の旅行者が『沈没』というとき、ドラッグや女におぼれて動かなくなってしまうという意味があったようだ）。

もうすぐビザが切れる。いよいよ次の国へ移動しなければならない日が迫ってくると、だんだん憂鬱になってくる。次の国が必ずしもいいところだとは限らない。面倒な国境での手続きもあれば、タクシーとのきびしい交渉もある。ああ、めんどくさい。ここを出たくないなあ、ビザを延長しようかな、などと思ってしまう。そうやって、ずるずると一か所にはまりこんでしまう旅行者をよく見かけたものだ。

僕の知っている旅行者で、初めての海外旅行でエジプトのカイロにやってきて、一軒の安宿から一四年間動かなかった人がいる。カイロから一歩も出なかったのだ。彼は日本にいたときから、いわゆる引きこもりだったそうだが、これではいけないと一大決心して海外旅行に出たという。それでカイロまでやってきたのだが、今度はそこで引きこもってしまったのである。当然のことながら、さすがにこういう人はきわめて珍しく、彼はその超長期滞在のあと、どこにも行かないまま帰国したそうだ。

普通の旅行者の場合、いつかはそこを旅立たなければならない。それが嫌なら帰国だ。

しょうがない。旅行者はどっこいしょっとようやく重い腰をあげる。次の町へ、次の国へ向かって。

しかし、いったん動き出すと、トラベル・ブルーは一瞬にして吹き飛んでしまう。車窓を流れる風景に目を奪われ、新しい町に着いて興奮し、それまでの憂鬱はきれいさっぱりと消えてしまう。そして、やっぱり旅は楽しいなと思う。だから旅を続けられるのだ。

結局のところ、動き出すのがいちばん大変なことなのだ。旅ができるかどうかは、まず最初の一歩を踏み出せるかどうかにかかっているといえる。

旅の長さ

旅はできるだけ長いほうがいいと僕は思う。休みが取れないからせいぜい一週間が限界という人が多いと思うが、一週間だと着いた日から帰国までスケジュールを全部決めて、ホテルも交通機関も予約しておかないと、何もしないうちに旅は終わってしまう。予定外の行動はほとんど無理だ。

長い旅のほうがいい理由は他にもある。それは、何かを見たり、出会ったりしたことを理解するのには、それなりの時間がかかるということだ。僕が長く旅をしていた頃は、一つの街に着くと最低でも三日は滞在するようにしていた。一泊ではその街のことは何もわからない。例えば夕方着いてホテルにチェックインし、一泊してまた移動するのでは通過するのと同じだ。二泊してようやく街を歩きまわることができる。気に入ればもっといるし、そうでもなければ次の日に出て行く。そうするとあまり疲れないし、余裕のある旅ができた。

そういう街で、必ずしも有名な見どころがなくても、のんびり歩いていると、何かが目に付くことがある。あるいは記憶のどこかに残っていることがある。実はそのときはそのことに気がつかない。しばらくたってから、そういえばあれはずいぶん変な物だったなと気がついたりするのだ。

初めての海外旅行で、僕はニューヨークに行った。主な目的は現代美術を見ることだったが、ニューヨークには有名な美術館がたくさんあるので、美術館めぐりをした。最大の美術館はメトロポリタン美術館だ。とにかく規模が大きくて、きちんと見るには数週間はかかるだろうが、もちろんそんなことはできないので、一日で走るような速さで見てまわった。まだ僕は若かったが、それでもぐったりと疲れ果て、そのあげく、見たものを何も覚えていないのだった。

こういう経験は読者にもあるのではないだろうか。ロンドンの大英博物館にしろ、サンクトペテルブルグのエルミタージュ美術館にしろ、あまりにも巨大すぎて一日で見ることは不可能だ。それを無理して見てまわっても、結局のところ何を見たかさえ覚えていない。日本に帰って、パンフレットや絵はがきを見て、確かに自分はこれを見たと確認しなくてはならないはめになる。

時間のない旅はつまるところこれと似ている。急ぎ足であれやこれや見てまわっても、写真を撮るだけですぐ次の目的地に向かっていくことになるので、帰国してから写真を眺めて、自分の記憶を確認しないとすぐに忘れ去ってしまうのだ。

メトロポリタン美術館を見た数日後に、僕はフィラデルフィアにあるフィラデルフィア美術館へ行った。そこにマルセル・デュシャンのコレクションがあると聞いたからだ。そのとき、僕はグレイハウンドバスの三〇日間乗り放題のチケットを持っていて、その期限が切れる寸前で、夜中のバスに乗り込んでニューヨークからフィラデルフィアへ行き、美術館にたどり着いた。デュシャンの全貌が見られるコレクションだが、だからといって膨大な量があるわけではなくわずか三部屋分ぐらいだ（僕の記憶では）。

美術館には誰もいなかった。作品を見守る警備員さえおらず、僕は一人でデュシャンの作品を見てまわり、たぶん触ってはいけないはずの作品に触れて、車輪をくるくる回して鑑賞した。

作品をゆっくり鑑賞したあと、夜中のバスでやってきた僕は徹夜明けで眠くなり、ロビーのソファに座ってうとうとしていると、警備員がやってきて、ここで寝ちゃダメだという。僕はごめんなさいといって立ちあがり、ふらふらしながら歩き出そうとすると、警備員が「大丈夫か？」と声をかけてくれた。僕は「大丈夫です」と返事して美術館を出た。

メトロポリタンのことは何も覚えていないのに、フィラデルフィア美術館のことは今でもはっきりこうやって覚えている。デュシャンの作品はもちろん警備員の顔さえもおぼろげに浮かんでくる。憧れだったデュシャンの作品を数時間にわたってほぼ独占し、ゆっくりと浸ることができたからだろうか。今思えば、こんな贅沢なことができたのは信じられないほどの幸運だった。

街角でふと見つけたものが印象に残っていて、あとで調べてみたらすごいものだったということがあった。

コルカタを歩いていたら、みやげ物屋の男が声をかけてきて、買わないかと見せてくれたものがあった。インドではしょっちゅうこういうことがあるので、いちいち見ないし、見たとしても記憶に残っているものはほとんどない。どうせ高い値段で買わされるのがオチなので、だいたいの場合は無視するのだが、このとき男が見せたのは一枚の絵だった。

これが下手なヒンドゥー教の神様の絵で、いかにも素人が描いたようなできばえである。値段も聞かずに僕はいらないと断った。

しかし、その下手な宗教画がなにか心の隅に居残った。

いったいあれはなんだったのだろう。店でよく売られているヒンドゥー教の神様の絵は、普通はプロが描いた印刷物だ。あれは印刷ではなく手描きの絵だった。それもプロが描いたものではない。

考えてみればちょっと不思議なものなのだが、ではそれがなんであるかは調べようがなかった。まだインターネットもない時代だ。

それから数年後、僕は再びその絵と出合った。ニューデリーのみやげ物屋にあったのだ。一目であのときの絵だとわかり、今度は数枚買った。そしてそれを日本に持ち帰って調べてみると、それが「ミティラー画」という民俗画であることがわかった。しかし、それでも詳しいことは不明だった。

ようやくその絵がなんであるのかがわかったのは、それから数年たってインターネットが普及してからだ。ネットで検索すると、ミティラーとは北インドのビハール州にある一地方の名称で、そこで描かれている民俗画であることが判明したのだ。コルカタにはビハールからの出稼ぎ者が多いので、あの物売りもビハールの人だったのかもしれない。出合ってから一〇年以上たってようやくわかったことだが、それが今、僕をインドの田舎の旅へいざなうきっかけとなっている。僕自身もコルカタの町をぶらぶらしていて、たまたま物売りから見せられた一枚の絵が、これほど自分の旅に影響を与えることになろうとは思いもよらないことだった。そしてついには、そういう民俗画をインドの田舎に見にいく旅の本『わけいっても、わけいっても、インド』（旅行人刊、二〇〇九年）を出すことになったのだ。

フィラデルフィア美術館のデュシャン作品
今では、ロッキーがトレーニングしたことで有名になった階段だが、当時はまだ映画は上映されていなかった。

計画

　旅は、その長さによってやり方がかなり変わる。数か月以上の旅であれば、前もって何も予約する必要はないので、自由に（というか適当に）思いつきで旅行できる。長い旅なんかやりたくてもできないんだよという方が多いだろうが、短い旅でも一か所に滞在すれば、移動する交通機関の予約などは不要になる。

　短い旅と長い旅の最も違う点は計画の要不要にある。短い旅であちこちまわろうとすると綿密な計画が必要だが、長い旅だと計画は（ほぼ）いらないのだ。行きたいところへ行き、いたいだけいられる。それが長い旅の最大のメリットだろう。

　とはいえ、長い旅でもおおまかな計画は立てる。例えば一年旅行するとして、アジアを横断してヨーロッパまで行って、アメリカへ渡って日本へ帰ってこようというような具合に。僕もこういう大雑把な計画を胸に抱いて、日本を出発したことが二度ある。一回目は中国、東南アジアをまわってインドへ行き、それからあわよくばヨーロッパまで行こうと考えていたが、インド滞在中に一年半が経過し断念した。断念というか、日本食が恋しくなって帰国したというほうが正確だ。

二回目は、再び東南アジアからインドへ渡り、インドからパキスタン、イランを経由してトルコに到達。いよいよヨーロッパかと思ったところで冬になり、寒いのがいやで予定外のアフリカへ。アフリカに一年半いて合計二年半になったので、ヨーロッパをあきらめて帰国した。ヨーロッパのなんと遠いことか。

というわけで、こういう長い旅にも一応イメージというか、漠然とした計画はあったのだが、寄り道が多いのでなかなか完遂できない。だからといって計画通りにいかなかった、残念だったとはまったく思わない。そもそも計画自体がいいかげんだから。

たぶん性格にもよると思うが、綿密な計画を立て、それを完遂することに喜びを覚える人もいるだろう。僕はそこらへんがまったくダメで、ずぼらでいいかげんなので、子どもの頃から立てろといわれて立てた夏休みの計画すら守れたためしがない。だから綿密な計画が必要な旅など無理だとわかっているので、できるだけやらないようにしている。だから、旅の計画の立て方をここで書くことはできない。できれば、なるべく計画のない旅をしようといいたいぐらいだが、そういわれても読者は困るかもしれないですね。

とはいえ、こんな僕でも一か月間で一つの国や地域をぐるっとまわって主な見どころを取材する「仕事のための旅行」なら何回もやっている。バングラデシュ、イエメン、ルーマニア、グアテマラ、コーカサス、ポルトガル、バルカン諸国などがそうだ。インドも州で区切って数か所まわった（インドの州はだいたい一つの国に匹敵する規模がある）。

こういう場合、いたいところにいたいだけいるわけにはいかないし、行きたくなくても行かなければならないこともある。それが予想外におもしろいということもあるが、たいていの場合一か所に一泊から長くても三泊ぐらいで次々に移動しなくてはならないので、めちゃくちゃ忙しい。帰国すると旅の疲れでぐったりする。仕事だからしょうがない。

もちろんそんな取材旅行でも旅はおもしろい。忙しいけど、新しい街へ行くときはワクワクするし、こんなに忙しいんだったら行くんじゃなかったなどと思ったことは一度もない。それは、あくまで行ければ行くけど、行けなかったらあきらめるといういいかげんな姿勢を貫いているからだ（と、えらそうに書くことじゃないけど）。

誰もがやるように、一つの国・地域の主な見どころをあらかじめざっとあげて、どこに何泊するかおおまかに決めれば、三〇日間でまわれる場所はおのずと決まる。それだけだ。交通機関が発達しているところはそれでかなり予定が立つが、イエメンのようにそういう情報がほとんどないところは、行ってみるまでわからない。

だが、取材中に予定は何度も変わる。次に行く予定だったところをキャンセルして他の街へ行ったり、こっちのほうがおもしろそうと思えばそっちへ行ったりする。日程はきついが、三〇日という枠の中で可能な限り行きたいところへ行く。結局、初めに立てた計画とはなんだったのかという結末に陥ることのほうが多いのだが、それはそれでいいのだ。

二〇一六年に行ったインドのラージャスターン州も、そのような一か月間の取材旅行だった。田舎の村へ壁画を見にいったのだ。インドは旅行しづらい国だというイメージを持っている人が多いが、実はまったくそんなことはなくて、公共交通機関が頻繁に運行していて、時間はかかるがたいていのところへはバスや列車で行くことができるので、本当は旅行しやすい国なのだ。

むしろポルトガルやルーマニアのほうが旅行するには不便だった。田舎はバスがぜんぜん走っていない。乗る人が少なくてバス会社や鉄道が運営できないからだ。だから人々は自分の車で行くしかない。日本でも田舎へ行くとバスが一日一本か二本しかないところは珍しくないが、それと同じで、そういう国々はインドより旅行しにくいのである。

そういう意味でインドは時間の余裕さえあれば、けっこうあちこちをバスや列車でまわることは可能で、計画だって立てられる。だが、この前（二〇一六年）の旅行では、インドに着いたその日に政府が高額紙幣を突然廃止するというハプニングに見舞われた。すでに多額の米ドルをインドの高額紙幣に両替してしまったあとだったので、いきなりそれが紙切れになってしまったのだ。

廃止といっても、その高額紙幣を銀行に持っていけば、一人一日二〇〇〇ルピー（当時約三〇〇〇円）までは小額紙幣か新紙幣に交換してくれるという。僕はこのとき一三万ルピー以上の高額紙幣を持っていたので、妻と二人で毎日交換しても一か月以上かかる計算になる。それで毎日、各地で銀行めぐりをするはめに陥り、計画も何もなくなってしまった。まれにこういうこともあるので、目の前で起きることにひとつひとつ対応していくしかないのもまた旅である。

旅の出会い

あちこちを長くまわっている旅行者が、旅の疲れをいやすために、居心地のよい場所で長逗留することを「沈没」というと書いたが、特にインドのような物価の安い国だと、何か月滞在してもたいした金はかからないので、一か月旅行して半年沈没という本末転倒というか竜頭蛇尾の旅行者も出現し、それで「おれはインドに来てもう一年だからさあ」などといばったりするから始末が悪い。こういう奴は、日本人旅行者が寄り集まった中に数か月いただけのことで、本当は旅行などほとんどしていないのだ。

しかし、長く旅を続けると疲れることは事実である。僕はアジアからアフリカにかけて最長二年半にわたる旅を行なったことがあるが、途中で一か月以上沈没すること四回、病気滞在一回で、合計八か月は旅が停滞していた計算になる。

旅行の何に疲れるのか。例えば乗り心地の悪い列車やバスに疲労困憊《こんぱい》し、貧しい食事に辟易することもある。だが、最も疲れるのは実は人々との出会いなのである。

僕はこれまで何冊かの旅の本を書き、それを読んだ人から「旅で出会う人々の話がいいですね」とか、「旅とは人との出会いですよね」などとよくいわれてきた。

それは間違いではない。だが、実際には人々との出会いが常に楽しく愉快なものであるわけではない。むしろ、そういった出会いのほうが少ないといっていい。そういうと、たいていの人は驚いて、「あなたはさまざまな人と出会いに旅に出ているんじゃないんですか？」と非難めいた口調でいわれるのである。

僕は「人々との出会い」などを求めて旅に出ているわけではない。旅に出る以上は人々と出会うことを拒否しないだけである。どう違うのか、同じじゃないかといわれそうだが、僕の中ではかなり違う。例えば、たまたまバスで隣り合った乗客に積極的に話しかけたりはしないし、街で見知らぬ人に声をかけたりもしない。話しかけられたら話をするが、面倒くさいときには拒否することもある。僕は日本で生活しているときに、電車の中で隣りにいる人に話しかけたりはしないが、それと同じである。僕の日本での生活が「人々との出会い」が目的なわけではないのと同様に、旅もまたそうなのである。

しかし、人間のやることはおもしろいと思う。隣りの乗客が話しかけてくる。つまらない話だ。日本人か？　おまえの腕時計はいくらだ？　おまえはトヨタを持っているか？　子どもは何人いる？　同じような質問を何百回もされ、たいていの場合はたいした内容ではないし、油断すると腕時計をプレゼントしてくれとせがまれたりする。そんな図々しい人間は好きでもないし、友人にもなりたくない。だが、何故こいつはこんなに図々しく話しかけてくるのか、時計の値段をどう感じたか、子どもがいないとどう思うのかについて興味がわくことがある。それはその個人によって、あるいは社会環境によって、文化によってそれぞれ異なってくるからだ。

それは、あとになってから考えられることである。話しかけられたときはうんざりするし、不愉快だし、面倒くさい。極端にいうと、相手は敵か味方かもわからないのだ。気のいい親切な若者のはずが実はサギ師だったとか、ジュースをすすめられて飲んだら、三日後に真っ裸で放り出されて病院のベッドで目が覚めたなんて話もあるのである。他人の経験談や失敗談はおもしろいが、自分でそういう人に出会いたいとは思わない。

単純に人間が好きとか嫌いとかいう問題ではない。好きでも嫌いでも、付き合わなくちゃならないのだ。嫌な奴がたくさんいる中に足を踏み入れて、自分のやるべきことをやらなくてはならないこともある。例えば、かつての中国で列車の切符を予約したときのことだ。こんな簡単なことがいかに大変かは経験した人でないとわからないが、まずものすごく長い列に何時間も並ばなくてはならない。朝七時からだ。並んでいるそばから割り込んでくる連中がいて、こいつらとけんかしなければならない。ようやく窓口までたどり着いても、指定した列車の席は「没有（ない）」と二秒でかたづけられ、即座に後ろの人間から窓口を奪われる。中国じゅうの人間を呪いたくなってくる。中国の共産主義などクソ食らえと思う。それでも旅行者には列車の切符が必要なのだ。

切符が手に入っても、列車の中はさらに悲惨だ。席があれば上等なほうで、しばしば自由席の切符しか手に入らない。自由席といっても席はまずないので、中国では「無座」と呼ばれるが、こちらのほうが正しい言い方だ。ものすごく混み合った列車の中で腰を下ろせるのは通路しかなく、そこは常に多くの人々が巨大な荷物を持って右往左往し、お湯のやかんを持った服務員が通路の乗客をどなりちらし蹴飛ばす。そして席にありついた乗客たちの食べかす（ヒマワリの種やミカンの皮などありとあらゆるものだ）がまき散らされ、そのうえに痰を吐かれる。そういうところで立ったり座ったりして何時間も過ごさなくてはならないのだ（もちろんこれは一九八〇年代中国の話）。

ああ、人生とはかくも不条理だ。

冷静にならなければならないと思う。かっかしてもしょうがない。腹が減って疲れていてはろくなことはない。旅人にも休息は必要だ。身も心も疲れ果てた旅人の心をいやしてくれる場所はないか。タイの島がいいらしいとか、南インドのビーチもなかなからしいなどといった話を聞きつけ、ひとときの休息を求めに旅人は集まってくる。ひとときのはずがふたときもみときにもなる者がいることは前述の通りである。

重いリュックをおろし、当分これを担ぐ必要がなくなると思うとほっとする。文字通り肩の荷をおろして、海岸沿いの食堂で食事をし、のんびりと海を眺めていると、頭の中にこれまでの旅がよみがえってくる。そういえば、あのときバスの中で話しかけてきた男は外国に出稼ぎに行くといってたけど、時計が必要だったんだろうか、とか、切符を買うとき並んだ列の前にいた医者は、中国ではパスポートが出ないから、君みたいに海外には出られないってこぼしてたなとか。あのときはうるさかったり、闘いの最中だったりで、そんなことを考える余裕もなかった。

海岸の食堂でウエイトレスをやっている女の子が僕に聞く。日本からここまでいくらかかるの？　僕が聞く。日本に行きたいのか？　女の子は笑ってうなずく。これまで何度されたかわからない質問に僕は答え、彼女の名前を聞く。そうやって僕は初めて、日本人と現地の人間の誰かではなく、僕と彼女の個人的な関係で話ができた気がしてくる。

旅はどんどんと通り過ぎていく。列車の窓から見える風景は一瞬であり、人々は名前を持たない。インドのどこかの風景であり、中国の誰かだ。列車から降り、どこかに留まることで、ようやくものは動かなくなり、人々は名前を名乗り、挨拶を交わすようになる。そうして、繰り返される日常の風景に愛着を覚え、ゆっくりと変化するものに美しさを感じる。高い値段をふっかけてきた海岸沿いのみやげ物屋の男が、どんな家に住み、何人の家族を持っているかを知り、ホテルのおやじが今月は赤字だとこぼしているのを聞く。そのとき、自分がいるその場所がゆっくりと自分に馴染んでくるのを感じ、これまでの旅で出会った人や出来事を理解するのだ。バスで出会った男が、帰宅して夕食の食卓を囲みながら、「今日はバスに日本人がいてさ、そいつ格好は汚いくせに二〇〇ドルもする腕時計を持ってたぜ」なんて話を家族にしているかもしれない。

第二章

旅に持っていくもの

旅に最低限必要なもの

旅に出るのに最低限必要なのは、お金、パスポート、飛行機の往復チケット。国によってはビザも必要になる。これだけだ。最低限これだけ手にすれば、海外旅行は可能である。それ以外は付け足しだが、海外旅行保険だけは必ず入っておくべきだ。僕はいちばん安い保険に必ず加入している（クレジットカードにも海外旅行保険はついているものが多い）。

最近、多くの旅行者が利用しているのがクレジットカードだ。これがあれば、海外のATMで現地通貨を引き出すことができる。実は僕はいまだに使ったことがない。アナログな人間なので現金を持ち歩いているが、金をなくしたらいやおうなく旅が終わってしまう。さすがに現金だけで問題ないというわけにはいかないから、一応クレジットカードは持ち歩いている。

飛行機のチケットを買うのに多少の知識は必要だ。だがそれほどむずかしいことではない。最近はネットで検索すると、安い航空券がぞろぞろと出てくるから、それを買うだけでOKだ。

もっとも、それじゃ本当に安い航空券は買えないという意見もあるだろう。その通りだ。あくまで激安の航空券にこだわると、それなりの知識と努力が必要になる。激安航空券マニアには、自分がどこへ行きたいかではなく、激安航空券で行けるところへ行くという人もいるぐらいだ。それはそれでおもしろい旅だと思うが、ここではとりあげない。

僕がどうしても必要だと思う準備はこの程度だ。ただ海外旅行をするだけなら、これで旅立つことができる。

インドでこういう話があった。

ある旅行者がコルカタの空港に到着した。初めてのインド旅行で、彼はさまざまなものを用意し、大きなバッグに詰めこんでやってきた。だが、なんとそのバッグが飛行機から出てこなかった。こういうロストバゲージはよくあることだが、彼はパスポートと現金以外、すべてのものを機内預けのバッグに詰めこんでいた。

当然、彼はがっくりした。もう旅は続けられない、日本へ帰ろうと考えた。そういうときに僕は彼に宿で出会ったのだ。

「着替えも、ガイドブックも、カメラもなにもかもバッグに入れてあったので何もないんですよ。失敗でした。もう日本に帰ろうかと思ってるんです」

彼は憔悴《しょうすい》した面持ちでそういった。

それを聞いた他の旅行者は笑いながらいう。

「だけど、パスポートと現金があるんでしょ。それならいいじゃないですか。それで旅行できますよ。せっかくインドに来たのに、なんですぐに日本に帰るんですか」

「着替えもないんです」

「そんなもの、インドで買えますよ。ここにいる連中が着ている服はみんなインド製ですよ。日本製の服なんかとっくになくなっちゃってる」

そういってどっと笑った。

「大丈夫ですよ。パスポートと金さえあればなんとかなりますから。それじゃ歯ブラシでも買いにいきますか」

一人の旅行者に誘われて買い物に出かけた彼は、数日後、インドの服を着て楽しそうに街を歩いていた。

「どうですか、もう買い物は終わりました？　何か足りないものはありませんか？」

僕がそう声をかけると、彼は顔をほころばせていった。

「ありがとうございます。ぜんぜん大丈夫です」

「それはよかったですね。旅は続けられそうですか？」

「もちろんです。いや、今思えば、あのバッグをなくしてよかったです」

「え？　なんで？」

「実はあのバッグ、インドに行くというんでいろんなものを詰めこんできたんですよ。それが重くて重くて大変だったんです。だけどなくしてもぜんぜん困らないんですよねえ。バッグがなくならなかったら、あの重いのをずっと抱えていなくちゃならなかったかと思うと、なくして正解ですよ」

彼は笑いながらそういった。

金さえあればカメラも現地で買えるが、今は多くの旅行者がスマートフォンを持っているので、たぶんカメラがなくなっても困らないだろう。

僕が旅に持っていくもの

それでは、僕はパスポートと金以外、旅には何も持っていかないのか？　というと、そんなことはない。いろいろなものを持っていく。持ち物に関しては失敗ばかりで、持ってくるんじゃなかった、あれがあればよかったのにということの繰り返しだ。どこへ行くかによっても必要なものは多少変わるが、いつも僕が旅に持っていくものをあげてみよう。

(1) カメラとデジタル機器

取材旅行が多いのでデジタルカメラは欠かせない。カメラがデジタルになってから、撮影のコストが劇的に下がった。撮影枚数はほぼ無限だ（注意すべきは電池の消耗だけだ）。それで、撮らないと損だとばかりに撮りまくってしまう。フィルム時代はワンカットしか撮らなかったようなものを、タテ位置ヨコ位置アップにロングと何種類も撮るようになり、枚数だけは爆発的に増えていった。

問題は撮りすぎた画像データの整理である。画像データをチェックして、何をどこで撮影したものであるかを記録しておかなければならない。撮影枚数が膨大に増えているので、無駄なカットも多いし、あとで使いやすい状態にするのに手間と時間がかかる。だからホテルで撮影済みのデータを見て、撮影番号と撮影内容を記録するのが仕事になったが、最近はこれも画像データに記録されたGPSデータによって、地図上に撮影場所が示されるようになった。撮りっぱなしでも場所と時間がデータに残っているのだ。まったく便利になったものだ。

今の旅行者はカメラさえ持たない。スマホで十分なのだ。動画だって撮れるし。僕は、仕事だから（紙の印刷に耐えられるようなデータを確保するために）ちゃんとカメラで撮影しているが、仕事じゃなかったらスマホで十分かもしれない。

ついでに書いておくが、それではカメラで（あるいはスマホで）何を撮るか。そんなもの記念写真に決まってるという人はそれでよい。自撮りで撮影するだけだ。

だが、旅の思い出といってもいろいろある。自分がそこに行ったことの証明であれば、そんなことはわかりきったことなので何も自分が写っている必要はない。僕は自分が写っている写真はほとんど撮らない。そんな写真は仕事に使えないからだ。

これは『バンコクの好奇心』（めこん）で知られる前川健一さんがいったことだが、記録としての写真であれば、遺跡や観光名所はほとんど役に立たないという。何故ならそういうところは何十年たっても変わらないし、変わらないように保存されるからだ（もちろん、戦災天災などで破壊される場合もあるが）。

むしろ、変化の激しい場所のほうが撮影するのにはおもしろい。何気ない街角、例えば雑貨屋の写真を撮ると、一〇年後にはその雑貨屋そのものがなくなっているかもしれないし、あるいは雑貨屋に並べられた商品は確実に変わっているだろう。人々の行き交う通りを撮影しておけば、二〇年後には人々の服装や髪型、あるいは走っている車もすっかり変わっている。だから、撮影しておくのにいちばんいいのは、そういった変化しやすい街の風景だというのだ。

これは確かにおっしゃる通りだ。僕も三〇年前にインドの城とか寺院とかを撮影したが、そういうものは今でもほとんど変わらない。変わっているのは、その周辺にかろうじて写っている人々の雰囲気や車の種類だった。そこに自分が写っていれば、今の自分とまったく違う三〇年前の自分をそこに見られるのではあるが。

デジタル機器で他に僕が持っていくのはノート型のパソコンだ。これはもちろん原稿を書くためだ。昔は紙のノートに書いていたが、今はまったくノートは使わなくなった。メモ用の手帳は今でも使っているが、写真を撮影した人に住所を書いてもらうのに使うことが多い。それもその場ですぐに撮影する。そうすると、その住所の画像の前に写っている人の住所だということが確実にわかるのだ。パソコン（あるいはスマホ）があると当然インターネットにつなげることになり、それがまたさらに利便性を増大させるが、その話はあとにゆずろう。

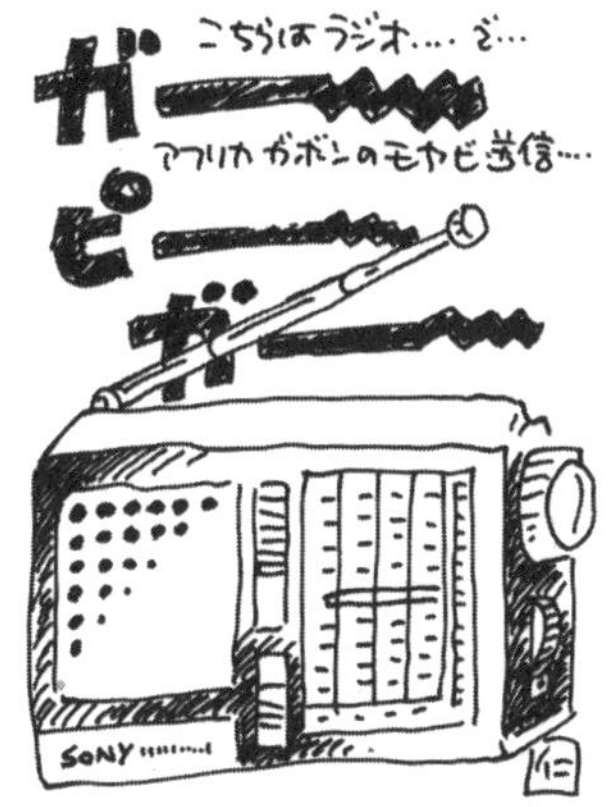

かつて、インターネットがなかった時代は、短波ラジオを持ち歩いて、日本からのニュースを聴いていた。

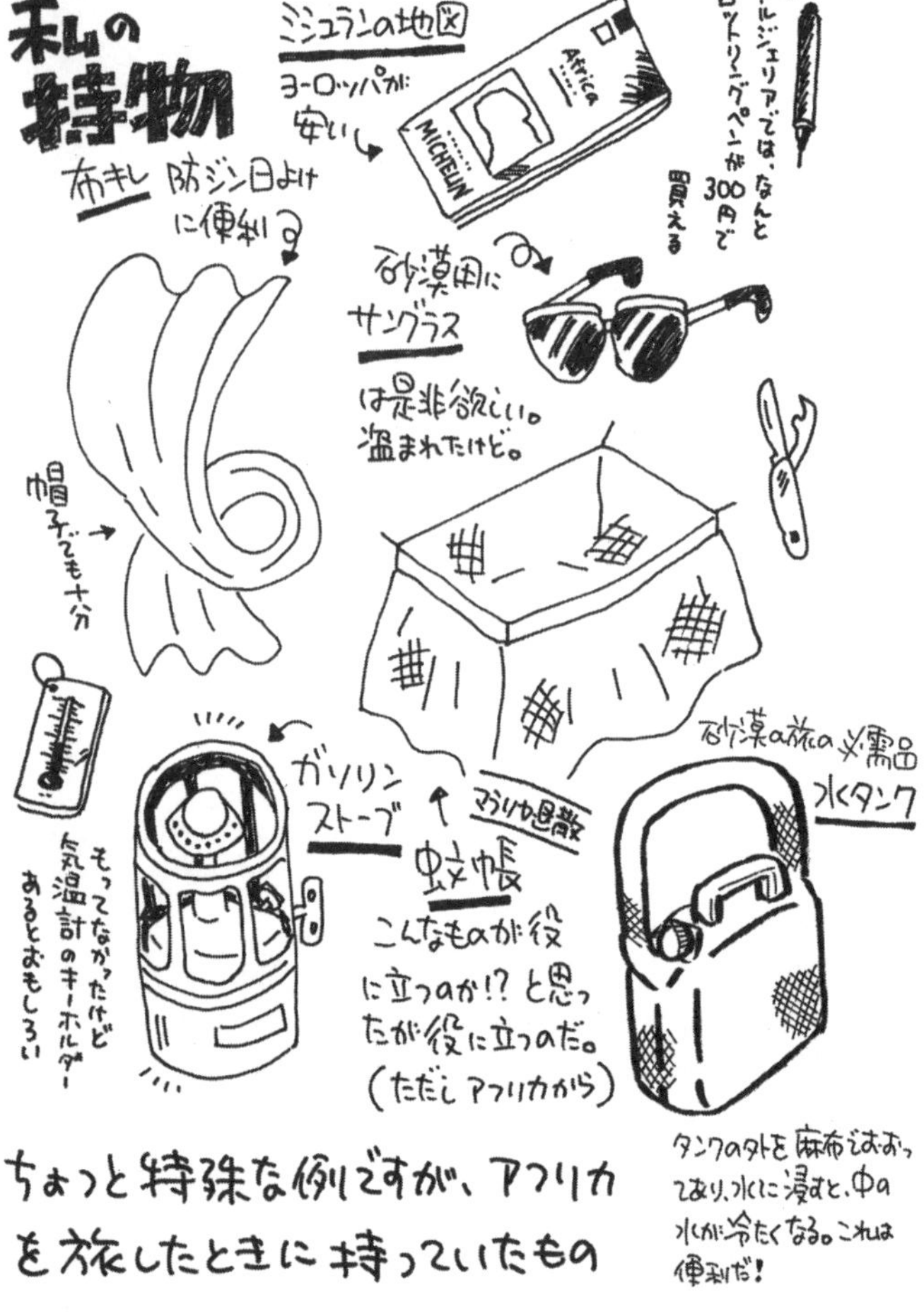

ちょっと特殊な例ですが、アフリカを旅したときに持っていたもの

(2) バッグ

僕はバッグにはまったくこだわりがなく、どういうバッグがいいのかはさっぱりわからない。バックパッカーのブログなどを読むと、どこそこのメーカーのものがいいとか、憧れのブランドとかいったものがあるようだが、僕はまったく知らないので、必要になったらバックパックを売っている店に行ってかなりテキトーに選ぶだけだ。気にするのは価格、大きさ、重さ、そして鍵がかかるかだけ。

今僕が持っているバッグは四〇リットルぐらいのバックパックである。これにモノを詰めるとだいたい一〇キロ前後になる。旅に出るときバックパックが七、八キロ、サブバッグが二、三キロぐらいで、全部あわせて一〇キロを超えないように努力している。これ以上重いと持ち歩くのに疲れていやになるからだ。

初めてアジアの旅に出たときは、二〇キロという重さのショルダーバッグを持ち歩いた。実に無謀である。その当時はリュックサックがなんとなく好きじゃなかったのだ。フィルムを五〇本、予備の電池を数十本、アナログの重いカメラに交換レンズなどなど、当時はやたらに重いものばかりだった。当時のものは今のものと較べると重かった。

それで二か月、中国を旅したが、最後にバッグのヒモが切れて使用不能になった。香港で数千円の安いバックパックを買い、それに荷物を詰め替えて背負ったら、感動するぐらい楽になった。なんと僕はおろかだったことか。

それ以来バックパックを使い続けているが、一時、トランク型のバックパックを使っていたことがある。バックパックの欠点は底にしまったものを取り出しにくいことにある。部屋に入っていちばん下のものが必要になると、荷物を全部取り出さなくてはならない。そうするとせっかくしまってあったものが部屋中に散らかって、生来だらしない僕はいつも部屋が散らかしっぱなしになり、また詰めこむのが非常に面倒だった。それで、フタがぱかんと全面的に開くトランク型を購入したのだ。

使ってみると、これは確かに便利だった。どこにしまってもすぐに取り出すことができる。使ったものは適当に入れておき、フタを閉めておけば一応かたづいているように見える。だからこのバッグを何年も使っていた。

だが、欠点もある。背負うと重いのだ。トランク型の四角い形なので、背負ったときに身体に密着しない。そうすると重く感じるということを他のバックパッカーから教えられた。最近のバックパックはそこらへんがうまく設計されていて、トランク型より軽く背負えるという。年をとるにつれ重い荷物を背負うのがどんどんいやになってきて、僕もその助言にしたがってトランク型をやめた。

次に買い替えたバックパックは確かに感じる重さがぜんぜん違った。バックパックに付いているベルトを腰で締めれば感じる重さはさらに軽減された。しかも、底のものも取り出しやすいように、下部にもファスナーが付いている。素材自体も以前のものよりもずいぶん軽量化され、耐水性もある。実にさまざまなものが進化しているようだ。そのぶん価格もあがってしまったが。

⑶ガイドブック

ガイドブックは必要であるともいえるし、なくてもなんとかなるともいえる。たいていの人は旅先のガイドブックを読むし、僕も持っていく。そもそも僕はガイドブックを作っている側の人間であり、そのような立場からいうのもなんだが、なければないでなんとかなる。

しかし、初めて海外旅行に行く場合は、やっぱりガイドブックを持たずに行くのは不安だし、海外旅行の経験が何度あっても、初めて行く場所だとガイドブックはあったほうがいい。

その国の見どころやホテルの場所、交通機関の使い方、物価、治安状況、最適な旅行時期などなど旅をするのに重要なポイントをガイドブックはコンパクトにまとめて教えてくれる。率直に言うと、もし旅に出ることを決め、航空券の手配までしたら、あとはガイドブックさえきちんと読んでおけば、たいていのことは対処できる。それぐらいガイドブックは懇切丁寧に解説してくれる。いわゆる「旅の常識」はほとんど網羅されているので、あとはどこまでそれを自分のものにできるかだ。

いや、そんなことはない、バックパッカーに有名なガイドブック『地球の歩き方』（ダイヤモンド社）はぜんぜん情報が足りないし、けっこう間違いが多い、という声もバックパッカーからよく聞く。僕も若い頃はよくお世話になっていたので、けっこう不満もあった。日本語のガイドブックでバックパッカー向けのものといえば『地球の歩き方』しかなく、情報量だけでいえば、これもまた有名な英語のロンリー・プラネット社のガイドブック

（以下『ロンプラ』と省略）に差をつけられていた。それで、こういうガイドブックを作ってみたいと思って、自分の出版社からガイドブックを出版したのだ。

自分で作ってみてわかったことだが、『地球の歩き方』（以下『歩き方』と省略）だっていいガイドブックだ。ガイドする国や地域によって多少の出来不出来はあるだろうが、おしなべてよくできており、十分に旅行の役に立つ。例えば『歩き方』のインド編などは、これに載っている場所を旅するだけで軽く数年はかかるだろう。

それならなぜバックパッカーたちは『歩き方』に不満を持つのか。それは『歩き方』に掲載されている場所にあちこち行き、時間をかけてじっくり読み込んでいるからだ（他に読むものもないし）。あちこち行くと、その先にもっとおもしろそうな場所があることを他の旅行者が教えてくれる。『ロンプラ』にはその情報がばっちり書いてある。なんで『歩き方』には書いてないんだよと不満を持つ。

『歩き方』をじっくり読むと、いろいろなデータが間違っていることに気がつく。ホテルの住所が違う、ホテルの主人はいい人だと書いてあるのにぜんぜん違う、電話番号が違う、宿泊料金が違う。各地を泊まり歩いていると、そのような「間違い」を発見することになる。僕も初めてのシカゴで、さんざん探してようやくたどり着いたＹＭＣＡが閉鎖されていたときは『歩き方』をぶん投げたくなったものだ。

『歩き方』への不満はそういう種類のものが多いが、それははっきりいって過剰な要求だ。旅行者のわがままといってもよい。主な観光地のその先の情報がないのは、ページ数と取材費の関係で掲載できないのだ。情報満載の『ロンプラ』はときに一二〇〇ページを超える弁当箱みたいな厚さだったりするが、そのようなガイドブックが日本でたくさん売れれば、日本の出版社だっておそらく作るだろう。金さえあれば作れないことはないのだ。『ロンプラ』にしかできないというわけではない。問題は日本語だということだ。読者が日本人限定である以上、売れる数は『ロンプラ』を超えることはできない。だから膨大な情報を満載した日本語によるガイドブックなど非現実的なのである。

それでも間違いが多いのは困るのだが、これも紙のガイドブックである以上しょうがない。取材、編集、印刷、販売というプロセスを経ると、そこでほぼ一年が経過する。現地の情勢はあっという間に変化するので、ガイドブックが書店に並んだときにはすでに古い情報になってしまうのだ。それは宿命的に逃れられない。

手前味噌な話だが、僕たちが作った『旅行人ノート』シリーズは、『ロンプラ』に負けないほどのディープな情報を満載したガイドブックだ。『歩き方』にない地域や国を積極的にガイドし、『ロンプラ』にも掲載されていないような情報まで掲載した。それでバックパッカーからは高い評価を受けた。

なんだできるじゃないか、日本の出版社でも、とお思いになるのはまだ早い。高い評価を受けることと、売れるということは別物なのだ。僕もそこを大きく勘違いしていた。いくら情報を満載したところで、日本人でそんな奥地まで行く人など年に数百人、あるいは数十人しかいない。ほとんどの海外旅行者にとって、そんな奥地の情報など不要であり、金など払う必要はないものだ。そもそもそんなところは名前さえ知らない。チベットのカム地方の情報が満載！　などといって喜ぶのはチベットに詳しい旅行者に限られる。だから売れないのだ。

バングラデシュを旅行中に若いイギリス人旅行者と会った。彼はパプアニューギニアを何か月も旅してきたという。そしてそこで使ったという『ロンプラ』の薄いガイドブックを見せてくれた。

「このガイドブックはぜんぜんダメだ。情報が少なくて使い物にならない。それでこんなに高いんだぜ」

「でも、何か月も旅行できたんでしょ？」

「そりゃそうだけど、奥地に行くとまったく情報がないんだよ」

「パプアニューギニアへ行くイギリス人は年間何人いる？」

「わからない。そんなに多くはないよ。数百人かな」

「だろ？　他の外国人旅行者を合わせたって、奥地まで行く人は多くはないよな。何万人もいるわけじゃないだろ？　そういう珍しい旅行者のために、二〇ドルか三〇ドルぐらいでガイドブックを作るとしたら、取材費用はどうなる？」

「ああ、そうか。予算はないな」

「そういうこと」

現実的には、ほとんどの旅行者が行かないような場所のガイドブックを期待するのは無理である。というより、そういうところこそ自分の力で行けよと僕はいいたい。そのような場所はたいてい交通が不便だったり、ホテルもろくなものがなかったりする。それでも行きたいという人だけが行ける場所なので、ガイドブックに情報がないと不満をいうような人は行かないほうがいい。少しでも情報があればラッキーと考えるべきだ。

一九八七年、僕はパキスタンからイランへ渡ろうとしていた。その頃イランの日本語ガイドブックはまだなかった。インドのニューデリーと、トルコのイスタンブールにある日本人宿に、それぞれ「イランへの道」と題されたノートのコピーが置いてあった。それはある旅行者がイランを旅して、自分の旅行情報を数ページのノートにまとめたものが元となったコピーで、それを持ってイランを旅した旅行者たちが、それぞれ自分のイラン情報を書き足し、ニューデリーとトルコの安宿に置いた。そうやって次々に情報が書き足されたノートのコピーが、その頃イランを旅する日本人旅行者にとって唯一の日本語情報だった。

不足だらけの情報で、ガイドブックとはとてもいえないしろものだが、それでもそれは役に立ったし、自分の情報を書き足すことも、次の旅行者にとって有益だと思うと楽しい作業だった。もちろんそのコピーに対して感謝こそすれ不満をもらす旅行者はいなかった。ある意味で、その程度しか情報がなかったから、逆に旅がおもしろかったとさえ感じるのだ。

ガイドブックは旅のおもしろさを増すこともあれば、減らすこともある二面性を持つ。ガイドブックが教えてくれるような旅の基本的な常識をまったく知らずに旅すると、トラブルも増えるだろう。反面、ガイドブックに書いてある有名な観光地ばかりを巡ると、これまたトラブルに遭う確率が高くなる。有名な観光地には観光客をカモにする輩《やから》がいるからだ（もちろんその対処法もガイドブックには書かれている）。

しかし、ガイドブックを離れるのは思いのほかむずかしい。ガイドブックがないと、どこへ行ったらいいのかわからないからだ。ガイドブックを離れる旅こそが本物の旅だなどというつもりはまったくない。実際にはどのガイドブックを見ても、でかでかと数ページにわたって紹介されているような有名観光地以外に、あまり観光客が訪れないような場所までちょこっとガイドされている。こういうところは、ページの関係で大きくは扱えないけれど、取材者がどうしても載せたかったところだったりするのだ。僕もそういうところを好んで訪れ、取材者の気持ちを理解したりする。

当然のことだが、ガイドブックに紹介されている観光地は、世界中の人が誰でも知っている超有名観光地から、地元の人しか知らないような観光地までいろいろである。その有名度によってトラブルや混み具合も異なる。さすがに地元の人も知らないようなところがガイドブックに載っていることはないと思うが、小さく扱われている場所は閑散としていることが多い。よほどヒマな旅行者じゃないと訪れないからだ。だから、団体客の観光バスがじゃんじゃんやってきて、何時間も並ばないと入れないような観光地にうんざりしたら、そういうところを訪れてみるのもいいのではないかと思う。

それでは、どうしたらガイドブックを離れる旅ができるのか。それを次に書いてみよう。

静けさや
石畳に
染み入る
音もなし
中年た
なっても
サードイッ4の旅
2003

第三章

どこへ行くか

旅の目的地

どこへ行くか。それをまず決めることが旅への第一歩だ。

メトロポリタン美術館が見たい。凱旋門が見たい。あるいはタージマハルが見たいなどといった目的がある場合もあれば、漠然とタイに行ってみたいと思うこともあるだろう。そしてガイドブックを買って眺めてみる。どんな見どころがあるのかチェックし、それをピックアップする。たいていの場合、これで旅の目的地を決めることができる。ガイドブックに掲載されているような見どころは、もちろん行き方もちゃんと書かれているので、それでまったく問題ない。その通りに行けばたどり着くことができる。こういう有名な観光地に行く場合は、僕がアドバイスできることは何もない。せいぜいインドなどの有名観光地ではぼられないように注意してねというぐらいだ。

私は有名観光地には興味がない、凱旋門もタージマハルも見たいとは思わない、だが旅はしたいという人がどれぐらいいるかはわからないが、ガイドブックに書かれていないなどこかへ行きたいという場合、旅の目的地を決めるのはけっこう厄介だ。それは目的地がないのと同じで、目的地がないと出発しようがないからだ。どうしてもそれをやりたいなら、目を閉じて地図を適当に指さしそこへ行けばよい。かなりステキな旅ができると思う。

実をいうと、僕もいろいろなところへ行ってきたが、強く印象に残っているのは、有名な観光地そのものではないことが多い。タージマハルもすばらしいといえばすばらしいのだが、すでに何度も写真で見ているので、想像を超えてはるかにすばらしかったという具合にはなかなかなりづらい。ああ、これかという感じ。凱旋門はまだ見たことがないが、行く前からだいたい想像はついているので、今やあまり見に行きたいとも思わない。

これには異論があるのは承知している。本物を見るのと見ないのではぜんぜん違うということもわかっている。「モナ・リザ」もうんざりするほどテレビや雑誌で拝見しているので、僕自身はわざわざルーブル美術館まで見に行きたいとは思わないが、本物を見た人は「それとこれではぜんぜん違います」というし、それは正しいだろう。

それはともかくとして、僕が旅の印象として強く心に残っているのは、タージマハルの美しさよりも、その周辺で起きたことだった。

僕が初めてタージマハルを見に行ったのは、満月の霧の夜だった。満月の日は特別に夜もタージマハルが開館していて、月光に照らされたタージマハルはえもいわれぬ美しさだとかなんとかガイドブックに書いてあったので、タクシーで行ってみたのだ。

その夜は寒く、タージマハルへの道は舗装もされていないデコボコ道だった。オンボロのアンバサダーでゆっくり走っていくと、なんと故障して動けなくなってしまった。走り始めて二〇分も経たないうちに立ち往生。どうして動かないいんだというと、わからない、今調べてみるという。あたりは霧で真っ白で何も見えず、そのうえ寒い。僕は腹が立ってきて「このオンボロ車め!」とタイヤを一蹴りした。すると運転手はあわてて「やめてくれ、やめてくれ、すぐに直るから、ちょっと待っててくれ」とおろおろしていう。僕はおかしくなって笑いだした。タイヤを蹴ったのはもちろん冗談だ。

「いつもこの調子なのか?」僕がそう聞くと、運転手は「この車はすごく古いからよく壊れるんだ。日本の車はこんなことはないか?」という。

「日本じゃこういうことはないよ」

「いいなあ、俺も日本の車に乗りたいよ」

しばらくして、ようやく車の修理が終わった。部品を交換するでもなく、こんな暗い中でとにかく車を修理できるのはたいしたものなのか、あるいは故障というより単なる整備不良なのか判断のつきにくいところだが、日本にいると、これほど古く見た目もオンボロな車に乗ることはむずかしいし、乗っている車が故障して動かなくなるという経験もまれなので印象に残ったのだ（その後、このような経験はぜんぜん珍しくなくなるのだが）。

再び動き出した車に乗って、僕は満月のタージマハルを見物した。だが、満月のタージマハルがどういう風景だったのかさっぱり覚えていない。暗いので写真も撮れなかった。覚えているのは車が故障したことだけである。

もちろん、有名な観光地であっても想像を超える感動があることもある。行くのが大変で、受け入れ施設がなく、それゆえに観光客が少ない場所だ。

例えばアルジェリアのタッシリ・ナジェール。世界遺産に登録されているような有名な文化遺産があるところだが、サハラ砂漠の真ん中にあるので行くのが簡単ではない。僕が行ったときも観光客は多くはなかったが、現在は政情不安もあってもっと少ないだろう。

サハラ砂漠の中にホガール山地という岩山があり、そこに古代の人々が描いた岩絵が無数にある。それがタッシリ・ナジェールだ。トレッキングしながらその絵を見にいくツアーがあり、キャンプで二泊して絵を見てまわったのだ。

絵もよかったが、トレッキング自体もすばらしかった。夜になってサハラ砂漠の真ん中で、岩山の窪みに身を横たえると、そこには信じられないような美しい星空が広がっていて、焚き火の明かりが岩の壁を照らすとそこに岩絵が浮かんでくる。きっと古代の人々もこういうふうに岩山の陰に身を横たえて焚き火をし、星空を眺めたのかと思うと、ふるえるほどの感動があった。

ここがもし大勢の観光客が押し寄せるような場所であれば、たぶんこんな感動は味わえなかっただろう。岩山の窪みで焚き火をしながら眠ることなど許されず、立派なテントを設置されてそこで寝ろといわれるだろうし、インチキなガイドのしつこい勧誘に悩まされることになる。大人気観光地で多くの人が押し寄せるところはそれが避けられない。

僕はさんざん世界あちこちの有名な観光地や有名な見どころを見てまわったので、少々観光地に飽きているのは否定できない。特に今の有名観光地は人の数が尋常ではない。インドも中国も東南アジアも経済が豊かになり観光客もかなり増えているのはよくご存知だろう。三〇年前の観光地と現在ではまったく様子が違うのだ。三〇年前はバルセロナの超有名教会サグラダ・ファミリアでさえ見物する人はそれほど多くはなく、ぶらっと行ってすぐに見物できたが、今は何時間も待たなくてはならないほどに人が押し寄せている。バルセロナではついに反観光客運動まで起きてしまった。あまりにも多くの観光客がやってくるので、住民が穏やかな生活が送れないことに対して起きた運動だ。ベネチアでも同様の運動が起きているが、世界的に有名なところはどこも同じだと考えていいだろう。

それでも見たいという人はがんばってほしい。その甲斐があるかどうかは僕にはわからないが、きっと見られたという充実感を味わうことができるだろう。

だが、先ほども書いたように、印象に残ることは意外に目的地以外のところに転がっていたりするものだ。サグラダ・ファミリアに行ったら、建物よりも人の多さのほうに驚くかもしれないし、並んでいるときに隣りの人と話をしたことが記憶に残るかもしれない。旅のおもしろさは必ずしもその目的地や目的物にあるわけではないということだ。

観光地ではないどこかへ

さて、話を初めに戻し、有名な観光地じゃないどこかへ行きたい人はどうしたらいいのか。僕もそういうところへはあちこち行ったことがある。いったい何故僕はガイドブックにも掲載されていないような場所へ行くことになったのか。そう考えてみると、だいたい二つのパターンがあった。

(1) たまたま行く

まず一つは、たまたまである。

そもそも列車やバスの切符を買うには、どこか目的地を告げる必要がある。そこで自分がまったく知らない場所をいうことはできない。とりあえずどこか目的地を設定する必要がある。例えばA地点を出発し、B地点へ向かうとしよう。しかし、この距離があまりに長いと疲れる。特にバスの場合は一度に五〇〇キロも一〇〇〇キロも移動するのはむずしいので、途中で乗り継ぐ必要がある。そういうときに適当にホテルがあってバスが乗り継げそうな街を途中目的地とするのだ。

僕はだいたい一日の移動距離を二〇〇～三〇〇キロとしている。夜行列車を利用すれば寝ている間にもっと長く移動できるが、昼間の移動は三〇〇キロが限界だ。そういう途中の街はガイドブックに載っていないこともあり、観光客はまずいない。ここに何しに来たんだ？　とホテルの人に聞かれることもあるが、それぐらい見るものもないということだ。

こういう街へ行ったからといって、必ずしもおもしろいことが起きるわけではない。たまたまおもしろいことが起きるかもしれないが、おもしろくない可能性もある極めてリスキーな方法だ。まったくこんなところへ来るんじゃなかったと後悔することもあるだろう。

僕は初めてのアメリカでサン・アントニオからニューオリンズまで行くつもりだった。バスで行くにはあまりにも遠いので、途中の町で降りて一泊しようと思い、チケット売り場でその場所を告げた。すると係員が「君はそこに友だちか親戚がいるのか？」と聞く。「いいえ」というと、「それじゃ何しに行くんだ」という。「ニューオリンズが遠すぎるから途中で一泊しようと思って」と僕がいうと、係員は首を振って「その町には何もない。

完璧に何もない。行くだけ無駄だ。いいからまっすぐニューオリンズへ行きなさい」というのだった。

仕方ないのでいうとおりにニューオリンズ行きのチケットを買った。そして、バスの窓から僕が途中下車するはずの町を見た。係員のいうように、そこは荒れ地の中の、三〇分もいれば何もすることがなくなるような小さな町だった。僕は名前すら覚えていないその小さな町に行くチャンスを失ってしまったが、係員の助言にしたがって本当によかったと思った。

だが、こういうこともある。インドの有名観光地であるラージャスターン州を見物して、南のケーララ州へ向かっていたときのことだ。しかし、ラージャスターンからケーララはあまりに遠い。そこで、まずグジャラートの州都アーメダバードで途中下車した。

今考えればアーメダバードはけっこう見どころのある街だが、当時の僕はアーメダバードには何の関心もなく、グジャラート州そのものが観光客にはあまり人気のないところで、ガイドブックにもほとんど掲載されていなかった。

とりあえずホテルにチェックインし、さてどうしようかなと思っていたところに、部屋のドアをノックする音が聞こえた。何の用事だろうとドアを開けると、一人の男がまっすぐに姿勢を正し、こういった。

「日本からのお客様がいらっしゃったと、今ホテルの人に聞きました。ようこそグジャラートへ。よくおいで下さいました。心から歓迎いたします。もしよろしければアーメダバードの街をご案内いたします。いかがでしょうか」

「え？　えええ？」

びっくり仰天である。そんなこといきなりいわれても、僕はただのしがない旅行者にすぎず、グジャラートをあげて歓迎されるような人間じゃないんですけど。そもそもこの人はいったい誰？　信用できる人なのか？　それまでインドの観光地でさんざん悪いインド人と戦ってきた旅行者としては、そうそう簡単に信用するわけにはいかないのだ。

「いや、僕は今到着したばかりで疲れているので休みたいんです。ありがとうございます」

そういって体よく断ると、彼は「そうですか。それは残念ですが、お疲れのところ申し訳ありませんでした。どうぞグジャラートを楽しんでいって下さい」といって、去っていった。

　悪い人じゃなかったようだ。インドにはこんな人もいるんだなあ。グジャラートの印象が強く心に残る出会いであった（が、このときはそのまま南下してしまったが）。

　インドの話ばかりで恐縮だが、サーンチーという古い仏塔で有名な場所がある。交通不便なところで、ここを訪れるにはまずボーパールという大きな街でバスを乗り継ぐ必要があった。ボーパールはマディア・プラデーシュ州の州都なのでガイドブックにも載っているが、たいした見どころがあるわけではないので観光客もあまりいない。旅の目的地にはなりにくいところだ。

　とはいえ、州都であり都会なので、僕は二、三泊してみることにした。確かにこれといった有名な見どころはないが、街は活気に満ちていた。大きなモスクがあり、聞けばインドでも二番目に大きなモスクだという。もちろん観光客をだますような悪いインド人もいないし、タクシーやお店も高い料金を要求してこない。北インドの観光地の戦いで疲れていた僕は、こういうインドもあるんだなとあらためてインドを見直したものだ。

　それから四か月後、このあまり外国人には有名でない街が世界的な注目を浴びる事件が起きた。一九八四年一二月、この街にある化学工場から猛毒の化学物質が大量に漏れ、二五〇〇人の市民が死亡するという大惨事が起きたのだ（その後、死者は一万六〇〇〇～三万人となったが、死者の数は諸説ある）。当時、この化学工場はアメリカのユニオンカーバイド社によって運営されていた。

あの街でこんなことが起きようとは。旅の途中でこのニュースを知った僕は愕然となった。わずか数か月の違いであそこを訪れていたら、僕もどうなっていたかわからない。値段交渉より世間話のほうがさかんだったリキシャワーラー（三輪タクシーの運転手）は大丈夫だろうか。

世界最悪の公害事件と呼ばれるこのボーパール化学工場事故だが、あれから三〇年以上たった今もこの事件は未解決のままだ。ふと立ち寄った街でこんなことが起きることもあり、旅をした場所がよくも悪くも世界とつながっているのだと思い知った印象深い旅だった。

(2) 興味や趣味で行く

さて、たまたまではなく、意図して有名な観光地ではないところへ行く方法はあるのか。もちろんある。

自分の興味や趣味にしたがうのだ。

僕の友人に有名な建築物にはまったく興味がないという人がいる。世にいう有名建築家が建てた有名建築などには目もくれない。そのかわり普通の人が住んでいる普通の集合住宅を見るのが好きだという。変わった趣味だとは思うが、この人によれば、そういうものを見続けることによって、人々の暮らし方の変遷や生活スタイルが理解できるのだそうだ。有名建築家が建てた有名建築なんか見たって、普通の人々の生活は何もわからないという。そういわれれば確かにそうかもしれない。

というわけで、彼は大きな街に着くと観光地にはほとんど行かず、電車やバスに乗って郊外へ行き、観光客など誰もいないところを散歩する。そこにあるのは団地やアパートだ。そこで人々が洗濯物をどう干すのか、窓枠はどういう部材を使っているのかなどを見物する。いったいそれの何がおもしろいんだ？　と僕は思うし、読者も同じ感想を持たれるかもしれない。だが、こういうことを積み重ねることによって、この人は旅先の国の普通の人々の日常生活がどうなっているのかを本にしてしまった。先述の前川健一さんだ。普通の人がたいして興味を持たないようなものに注目すると、自然と有名観光地からは離れていくことになる。いや、この人は有名観光地にいても有名な見どころから外れ、歩道橋から道路を見下ろし、一時間にベンツが何台、ＢＭＷが何台通ったと車を数えているような人なのだが。こういうプロの書き手を引き合いに出されても説得力に欠けるかもしれないので、無名の趣味人の話をしよう。

何年か前、僕は旧ユーゴスラビア諸国を取材するために、ネットでセルビアの田舎の情報を探していた。さすがにこういうところの情報はほとんどない。そのなかで一つだけセルビアのものすごい田舎へ行ったという人のブログがあった。地図で探してもなかなかその場所が見つからないほどの小さな町だ。もちろん観光地などではない。いったいこの人はなぜこんなところへ行ったのか。

蒸気機関車が走っていたのだ。なんでもこの町では月に一度か二度、蒸気機関車が走る日があるらしい。それを見に、わざわざセルビアの片田舎まで出かけていったのだ。

おそらく、鉄道ファンのあいだではよく知られているところなのかもしれない。ああ、セルビアのあそこね、有名ですよという声が聞こえてきそうだが、少なくとも一般の観光客がわざわざ訪れるようなところではない。だが、蒸気機関車を趣味に持つ人にとって、セルビアの片田舎はどんなに情報が少ないところだろうが行くに値するところなのだ。正直いって僕はそのブログを読んで感動した。この人は蒸気機関車を見るためならどんなところでも恐れずに行くのだ。

鉄道ファンの情熱には他にも感動したことがある。僕は自分の出版社から『アメリカ鉄道大全』（松尾よしたか＋佐々木也寸志、旅行人刊、二〇一〇年）という本を出版した。アメリカを走るさまざまな鉄道を紹介した本で、鉄道ファンの著者が一〇年以上かけて取材した記録や写真を一冊にまとめたものだ。

制作にあたって、この本に登場する場所を確認するために、ネットの地図でアメリカ各地を調べる必要があった。著者たちが鉄道の取材・撮影をするために行った場所なので、いわゆる普通の観光地はほとんどない。いや、もちろんロサンゼルスとかサンフランシスコといった大都市もあるのだが、この本の撮影場所には辺鄙《へんぴ》な場所が多く、例えば「トキオ」という場所があった。アメリカに東京という地名があるとは知らなかった。それを地図で見てみると、家が一軒しかないようなワシントン州の何もない場所である。こんなところまで撮影に行くのかと僕は驚いた。

こんな誰もいないところによく行きますねというと、一般の人は知らなくても、アメリカ鉄道ファンにはよく知られているところなので、けっこう鉄道ファンが集まっているという。中には砂漠の真ん中で家一軒さえない撮影地もあるが、そういうところでも必ず鉄道ファンはいるそうだ。恐るべし、鉄道ファン！

いや、鉄道ファンは特別ですよと感じる方もいるだろう。鉄道ファンの熱狂にはとてもおよばないので、もう少し別の例はないかというなら、こういうのはどうだろう。

僕の妻は布が好きで、いっしょに旅していると布の産地をよく訪れる。これもインドの話だが、インド東部のオリッサ州の内陸部にサンバルプルという絣《かすり》の布で有名な街がある。絣で有名といっても、布好きには有名というだけで、ガイドブックに掲載されるような街ではない。見どころは何もないからだ。ただ、ここで生産される独特の布に惹かれた人や商人だけが布を求めて訪れる。

僕らが行ったときも、外国人の姿はまったく見かけなかった。何軒か店をまわって、ある店に入ると、「日本人か?」と聞かれた。そうだと答えると、うちの店にはよく日本人が来るんだという。えーっ、ほんと?

聞けば、京都に住む女性がここの布が好きで、自分でデザインした絣を作りに、多いときは年に二回、通常は二年に一度は必ずやってきて布をオーダーしたり、買っていくというのである。その人の写真まで見せてくれた。

実はインドは布好きにとってはたまらない国で、多種多様なハンドメイドの布が生産されている。古い布から新しいものまで、布好きには布の聖地といっていいほどインドは愛されている。布好きは、ガイドブックに掲載されていようがいまいが無関係に布の生産地に詣でているのだ。そういうところはインド各地にあるし、インドに限らず世界中にある。

このように、自分の趣味があれば、普通の人がまず行かないところでも行くに値する場所になるのである。

セルビアに行ったとき、僕はピロトという小さな町へ行った。大昔は絨毯の一種であるキリムの産地として世界的に有名だったところだが、今はキリム好きでないと誰も知らないような小さな町で、ブルガリア国境のすぐ近くにある。キリムを探してみたが、町には絨毯屋さえ一軒もなく、かろうじて市場にいた地元の人から手持ちのキリムを売ってもらった。だが、そのキリムは「これはぜんぜんダメ」と、絨毯好きの友人からダメ出しされるお粗末な品物だった。

にもかかわらず、そのピロトという小さな町への一日遠足は実に楽しかった。市場でキリムを探していたときに、いかにも怪しげなおばさんが、つたない英語で話しかけてきた。キリムを探しているなら、私についてこいというようなことをいう。これが観光地なら絶対に信用しないが、こんな何もない町にやってくる観光客などいない。だから観光客をカモにする人などいないのは明らかなので、おばさんの言葉にしたがうことにした。

それから、その人にあちこち連れまわされ、何軒かの家庭を訪ねて手持ちのキリムを見せてもらった。おばさんはそのたびに得意そうな顔をして、すばらしいキリムだ、見事なものだという。インドならインチキな商売人そのものだ。

町のガイドまでしてくれて、ほぼ半日付き合ってくれたそのおばさんは、最後までお金を要求することはなかった。だが、いくらヒマだったとしても、もちろんチップは欲しいだろう。それで一〇〇〇ディナール（およそ一〇〇〇〇円）あげたら、妻に抱きついて喜んでくれた。僕はキリムや絨毯のコレクターではないが、それでも世界的に有名なピロト・キリムが生まれた町を見られたことに満足だった。

近年僕は、あまりインドの有名観光地に近付かなくなった。インドの場合、だいたい見てまわったということもあるが、インドの田舎の家に描かれている壁画を見るのが趣味になったのだ。この壁画については拙著『わけいっても、わけいっても、インド』に詳しく書いたのでそちらを読んでいただきたいが、壁画が描かれている家々は観光地ではなくごく普通の田舎の家だ。そういう家を一軒一軒、壁に絵がありますか？　あったら見せてくださいませんか？　といいながら訪ね歩くのである。

そんなこと絶対無理！　言葉だってわからないし、どこにいっていいかもわからない、と思われることだろう。

ところが、意外にこれが簡単なのだ。

僕の探し方なんか超いいかげんだ。あらかじめ本やネットで探した壁画をプリントアウトし、現地に行ってそれをホテルの人や観光案内所など、さまざまな人に見せて、「こういう絵があるところを知りませんか？」と尋ねるだけである。あるいは美術館や博物館に行って、自分の興味がある民俗画に示してある地名を地図で探したりもする。

現地の言葉も話せず、そんなことで探し出せるのか？　と疑問に思う方もいらっしゃるだろう。

ところが、わざわざ誰かに尋ねなくても、英語を話せる人が話しかけてきて、「あなたは日本人か？　中国人か？　ここへ何しに来たんですか？」と聞かれることがしょっちゅうある。観光地でもないところへ外国人が来るのは珍しいので、外国人というだけで注目を浴びるのだ。

そこで、壁画のプリントを見せて、これがどこにあるか知らない？　と聞く。もちろん知らないことのほうが多い。このような壁画はインド先住民の文化であり、一般のインド人はあまり興味を持っていないのだ。

だが、そこは面倒見のいい人の多いインド。携帯電話を取りだして、日本人が来ていて、これこれの絵を探してるんだけど誰か知らないか？　という具合に探してくれる。僕の経験からいうと、これでほとんど探しあてることができる。誰も知らなければ、そこにはな

インドの田舎町を歩いていると、声をかけてきて、助けてくれる人がよく現れる。バイクに乗せて、連れていってくれることもよくあった。
知らないって？
壁画を知っている友人などを携帯電話で探索中

いと判断してほぼまちがいない。

田舎を旅すると、有名な観光地では味わえない奇妙な体験もする。ある町で壁画を探していたときのことだ。すると、地元の人が、それなら市長のところへ行けという。

「市長？　なんで旅行者が市長のところへ行くんですか？」

「市長は、そういうことを全部知っているから、どこへ行けばいいかを教えてくれるよ」

他にあてがなかったので、半信半疑で役所に行ってみることにした。ツーリスト・インフォメーションじゃあるまいし、一介の旅行者の観光相談に市長が耳を傾けてくれるものなのだろうか。そう思いながら役所を訪ねてみると、警備員に何の用ですかといわれる。壁画を見たいので場所を教えて欲しいと頼むのはかなり勇気が必要だった。しかし、地元の人にいわれてきたのだ。ダメでもともと思い、その旨を告げると、警備員は少しも不審そうな顔をせず、市長に取り次いでくれた。

しばらく待たされて市長室に招き入れられると、市長は打ち合わせをしたり、電話をしたり、とても忙しそうだった。やっぱりこのまま帰ろうかと思ったが、電話を終えた市長が、にこやかな顔でいった。

「どのようなご用ですか？　どこからいらっしゃいました？」

「日本からやってきた旅行者です。お忙しいところをすいません。家に描かれている壁画を見に来たんですが、市長がその場所をご存知だと聞いたもので」

「おお、壁画ですか。それはそれは」

市長は少し考えるそぶりをし、そのあと電話で誰かと話をした。

「今、それに詳しい者と話をしました。彼に聞いてください。それではよい旅を」

市長はさっきの警備員を呼んで、僕を担当者のもとへ連れて行くようにいった。市長はこうやってきぱきと用を片づけ、また次の仕事にかかっていった。本当に忙しい方なのである。まったく申し訳ないというか、ありがたいことである。

市長にこんな仕事まで押しつけるなんて、いったいインドの地方行政はどうなっているのか。

あとから知ったことだが、インドではよその人間がその地方をまわりたいときには、地方の長に顔を通しておくという伝統があり、それが今でも生きているのだという。現代では地方の長とは市長になるのだ。ただの旅行者が、市長のような偉い人と話ができることは滅多にない（特に話がしたいわけじゃないが）。

僕は研究者でもなく、写真家でもないので、このような壁画探しはあくまで旅の一環である。だから、壁画探しという口実で田舎を旅しているといってもいい。壁画が見つからなくても大きな問題はなく、ちょっと残念な気分になるだけだ。そういう失敗ももちろんある。

ルーマニアのブカレスト郊外にある農村博物館で半地下住居という建物を見た。寒い冬を過ごすのに考えられた伝統的な住居だと思うが、世界にも類を見ない建物であるらしい。それはぜひ人が住んでいるところを見てみたい。その住居はまだドラギチェニという小さな村にあるという。そこで、その住居を見に、ドラギチェニというどこにあるのかもよくわからない小さな村を目指した。

ガイドブックにはもちろん載っていないので、詳しい地図で必死に探したところ、ついにそのドラギチェニ村を発見したのである。ドラギチェニ村に近い街はカラカルといい、そのカラカルに近い鉄道駅のある街はクライオヴァという。クライオヴァはルーマニア第五の都市で人口四〇万人の大きな街だが、見どころがないせいかここでさえガイドブックには掲載されていない。

そういうわけで、鉄道でクライオヴァに行き、そこから五四キロ離れたカラカルまで行ってホテルにチェックインした。さっそくカラカルのホテルやバスターミナル、タクシー乗り場でドラギチェニ村への行き方を尋ねたが、みなさん口を揃えて、そこへの交通機関は一切なしというのだった。行くなら乗り合いタクシーかヒッチハイクしかないという。ドラギチェニ村はカラカルからおよそ九キロ。それぐらいなら乗り合いタクシーでもたいして高くない。タクシーに乗ると二〇分であっさり到着した。

だが、ドラギチェニ村の人に半地下住居の写真を見せても、そんなものはここにはないという。だが、カストラノヴァ村ならあるから、そっちへ行けという。カストラノヴァ村ってどこにあるんだ？　タクシーの運転手は、カストラノヴァには乗り合いタクシーも行かないという。

しょうがないので、ヒッチハイクで近くまで行き、そこから村まで九キロの道のりを歩くことにした。途中で車が通ったらヒッチしようと思っていたが、通りかかるのはトウモロコシの葉を満載した馬車だけで、われわれが乗り込めるスペースなどまったくない。結局、二時間以上かけててくてくと歩いていった。

なんとかカストラノヴァ村へ着き、村の人に半地下住居の写真を見せると、「それならあそこだ！」といって案内してくれた。ついにあったか！

連れていかれたところには、小さな空き地があった。なにこれ。

「昔はここにあったんだけどな。もう今はそんなところに住む人はいないよ」

がっくり。

「その写真はブカレストの農村博物館だろ？　こういうのは昔はあったんだけどなあ」

そうですよねえ。考えてみれば、今どきこんな湿気の多そうな半地下住居に住むメリットはない。なくなって当然だ。やれやれ、はるばるここまでやってきたけど骨折り損だったか。

とはいえ、ここまでの旅はおもしろかった。ルーマニアの田舎町をのんびりと歩くのは気分のいいもので、言葉の通じないわれわれに、人々はどこでも親切に応対してくれた。

観光客が誰もおらず、外国人観光客などほとんど見たこともない人々の町や村もこうやって旅することができるのだ。

最後に、あてどもなく旅する一人の日本人女性の話をしよう。その人と会ったのは西アフリカのベナンだった。三〇歳ぐらいのその人は、一人でアフリカを旅しており、聞けば西アフリカをあちこち旅してまわったという。僕は自分が行っていない場所の話を聞こうと思い、セネガルはどうでしたか？　と尋ねてみた。

　すると、彼女は素っ気なくこういう。

「別に。あちこち見てまわったわけじゃないし、セネガルのことはよく知らないんです」

　それじゃ、他におもしろかったところは？

「別にこれといってないです。本当はアフリカのことなんか、あんまり興味ないんですよ。だからおもしろいところなんか特になかったわ」

　僕はそれ以上いう言葉がなくなった。

　彼女はそれを察してこういった。

「なのに、なんでアフリカなんかを旅してるんだって思うでしょうね。別にどこだってよかったんです。ただふらふら旅行してみたかっただけだから」

　ただふらふら旅行したいだけだったら、普通の人ならもっと楽な場所を選ぶだろうが、よりによってマラリアがあり、ペストやコレラがある西アフリカに来たのか、この人は。なんだかわからないけど、すごい人だ。

数か月後、ケニアの首都ナイロビの安食堂で彼女と再会した。聞けば西アフリカから中央アフリカを横断し、ケニアにたどり着いたという（われわれは飛行機で飛んだ）。

アフリカの旅に詳しくない人はぴんとこないかもしれないが、アフリカを陸路で横断するこのルートは、通常の旅行者にとって最も困難なアフリカ旅行ルートのひとつだ。コンゴを通ってウガンダへ至るルートは定期的な交通機関もなく、トラックの荷台に乗って移動しなければならない。雨が降れば泥の中で何日も立ち往生するかもしれず、途中には満足な宿もないので、マラリアにかかる危険性が極めて高い。屈強な旅行者でさえ「肝炎の道」と呼ぶほど超ハードな道のりなのである。

どうやってそれを乗り越えてきたかを聞くと、彼女はやはりつまらなそうな顔で、「別に」と答えるだけだった。たどったルートを聞くと極めて詳細に語ってくれるので、本当にそこを旅したことは間違いがなく、おそらく苦労も多かったと思うのだが、それについては特に述べるほどのこともないようで、それも「別に」というだけである。

僕もずいぶん多くの旅行者に会ってきたが、こんなすごい人はあとにもさきにもこの人だけである。

旅に目的もなく、どこか行きたいという場所もなく、そして放浪のロマンさえ抱かず、どのような困難な場所であろうが、ただあてどもなく淡々と旅をするという人が本当にいることを初めて知った最初で最後の人であった。

何を聞いても
別に…
と、ぜんぜんたいしたことなかったように答える人であった……
超クール

第四章

旅の言葉

旅の英語

海外旅行へ出ようとする際に、最もハードルの高さを感じるのは言葉だろう。英語もぜんぜん話せないのに旅などできるのか。誰でもそう思う。

結論を書いてしまうとまったく大丈夫である。前にも書いたが、外国の言葉をまるで話せないのに何年も世界各地を旅している人はいるので、旅をするのに言葉はほとんど障碍《しょうがい》にならない。

僕はよく現地の言葉の簡単な単語集を制作して、それを見ながら意思の疎通を図った。こんにちは、どこですか、いくらですか、ありがとう、1、2、3……というような最も基本的な言葉を小さな紙に書いて、それを見ながら話をした。やはり現地の言葉でいうと喜んでもらえるので、何年か前までは、それだけなら二〇言語ぐらい話せると自慢したものだが、今はもうそれすらほとんど覚えていない。現地に着けば少しは思い出す言葉もあるが、最近はそれさえあんまり必要でなくなっている気がする。

ただ、言葉がいらないというのではない。言葉は必要なのだ。英語やその他の言語を話すことはできないが、話そうとする努力、理解しようという熱意は必要だ。それさえあれば、旅に必要なたいていのことは意思疎通が可能だ。

言葉がわからないのに、なんで努力や熱意で通じるのか、意味がわからないという人も多いだろう。それをこれから説明しよう。必要な言葉は現地の言葉か英語だが、ここは最も汎用性のある英語で考えていくことにする。

まず、旅をするにあたって必要な言葉はそれほど多くない。ホテル、レストラン、店、イミグレーションなど、言葉のやりとりをする場所は限定されている。バスや列車で隣りの席に座った人と哲学や経済や政治の話をしたい人は言葉をある程度マスターする必要があるが、たんに旅をするだけなら多くの語彙は必要ない。

例えばホテルに行ったとしよう。ホテルの人間が旅行者を見て「何しに来た？」ということは絶対にない。泊まりに来たに決まっているからだ。だからこちらは部屋があるかないか、価格はいくらなのかを尋ねるだけだ。ここで英語力が必要かというと、ほとんど必要ない。

「ルーム？　ハウマッチ？」

これだけですべてが通じる。

英語で価格を答えられても、それが理解できない場合は紙に書いてもらえばいい。まず部屋が見たいなら、「ルック、ルーム、ルック、ルーム」といって自分の目を指差せば理解してくれる。もしホテルで何かトラブルがあったらどうしたらいい？　例えばシャワーからお湯が出てこない場合とか。

実はこのケース、スペイン語とフランス語が通じるモロッコで経験したことがある。僕はどちらの言葉もまったく話せないというのに、宿でシャワーのお湯が出てこなかったのだ。それで、知っている単語を総動員して説明したことがある。

「ノン・カリエンテ（熱くない：スペイン語）、ドゥーシュ（シャワー：フランス語）、プロブレーマ（問題：スペイン語）」

英語にすると、「ノー・ホット、シャワー、プロブレム」となる。これを連呼したら宿の人はちゃんと理解してくれた。

こんな簡単な会話は語学力があるとかないとかいうレベルではないが、旅なんてのはほとんどがこういう簡単なやりとりの繰り返しにすぎない。だから長い旅をしている旅行者が「言葉が話せなくても問題ない」というのだ。

ホテルでもレストランでもお店でも、旅行者がそこを訪れる場合は目的がはっきりしており、レストランで列車のチケットを買う人などいないので、意思の疎通は簡単だ。高級レストランの複雑なメニューを読み解くのにはそれなりの語彙が必要だが、それは辞書を持参するしかない。

「私はぜんぜん英語が話せません」という人は、おそらく文章にして話すことができないといっているのだろう。ほとんどの日本人は日常で数多くの英単語（なかには和製英語も含まれるが）を使って話している。だから、そういう英単語を総動員すれば、おおまかながらも自分の望むことは伝えることができるのだ。

例えば、ホテルで必要な英単語は、ルーム、チャージ、ホットシャワー、トイレット、ビッグルーム、シングルルームといった具合で、こんな単語なら誰だって知っている。あなたは英語を話せないかもしれないが、英単語はかなり知っているのだ。それらを落ち着いて思い出し、身振り手振りをそえながら発するだけでかなりのことが通じるのだ。

英語にもいろいろある

僕だって初めてアメリカへ行ったときは、相手の言うことがぜんぜんわからなくて困った。あるときバスに乗ろうとした。運転手に「ハウマッチ」と運賃を尋ねると「トエニファイ」というのだ。「トエニファイ」などという数字があるか？　聞いたことがない。もう一度聞くと、運転手は指を二本、次に五本出し「トエニファイ」といった。なんだ「トエンティ・ファイブ」かよ。アメリカでは「25」を「トエンティ・ファイブ」と発音する人はいないということが初めてわかった。

次に厄介だったのが「マクドナルド」だ。街の人に「マクドナルドはどこにありますか？」と聞いても、僕の発音を理解してくれる人は一人もいない。ハンバーガーを食べたいんだと身振り手振りでやると、「オー、マッダーナー！」だと。アメリカでは誰もマクドナルドとはいわないことがそこで判明した。

これが苦労といえば苦労だが、一度覚えてしまえばなんてことはない。こういうふうに突撃実地体験で覚えた言葉はものすごく身に付く。日本でやる英語の勉強より一〇〇倍は早いスピード・ラーニングだ。旅を楽しみながら英語の勉強もできるので申し分ない。

アメリカでは「25」を「トエニファイ」と発音したように聞こえたが、実はインドの英語では「トエンティ・ファイブ」に近い発音をしている。英語は多くの国で話されている言語だが、アメリカとイギリスでは発音も違うし、オーストラリアも違う。それどころか、イギリスでもイングランドとスコットランドでは違う英語を話している。僕の友人にロンドン生まれのイングランド人がいるが、スコットランドを旅するといっていることが理解できないというのだ。

それればかりではない。同じイングランドでも階層によってぜんぜん訛りがちがう。「コックニー」と呼ばれる英語は、ロンドンの労働者階級の言葉で、発音も違えば、言いまわしも異なる。僕はネパールでロンドンから来たという旅行者と話をしたことがあるが、いっていることがまったく理解できなくて、「君は何語を話しているんだ?」と間抜けにも英語で聞いたら、「英語だ」というのでひっくり返りそうになったことがある。

たぶんアメリカだって北と南じゃ違うだろう。アメリカよりずっと狭い日本だって関東と関西では違うぐらいだから、世界にそれほど多くの英語があるのは当然のことなのだ。

だから、きれいな発音をしようなどと気にする必要はない。カタカナ英語で十分だ。こちらは相手に合わせて英語を話しているのであって、相手の英語だけが正しい英語なわけではない。相互に理解し合うのが正しい姿勢なのである。

英語は旅の道具

英語は旅をするための道具だ。だから、まず用が足せればそれでいい。買いたいものが買え、乗りたいものに乗れ、泊まりたいところに泊まり、食べたいものが食べられる。そのための英語は少しもむずかしくない。前にも書いたように、相手が客を待っているからだ。お店の人は品物を売りたいから、客の要求はどんな言語だろうが理解に努めてくれる。それはホテルでもレストランでも同じだ。だから、単語だけの、発音が超ブロークンな英語でもなんとか通じるのだ。旅を組み立てるための使用頻度の高い英語とは、こういった難易度の最も低い英語なのである。

一方、こういった英語は、用がないときには通じない。例えば、街の一角に奇妙な建物が建っていたとする。付近の人に、これは何ですか？　と尋ねても、その人から返ってくる答えを聞き取るのは至難の業だ。

西アフリカの村を巡るのに、フランス語を話すガイドを雇ったことがある。たまたま英語を話すガイドがいなかったのだ。ガイドに「ケスクセ？（これは何？）」と尋ねても、返ってくるフランス語はほとんど理解できない。それでもしつこく聞いていると、ガイドは身振り手振りで懸命に理解させようと努力してくれ、英語と似ている単語も出てきて、ようやく多少は理解できるというレベルだ。街にいる人にたままた質問しても、こんなに一生懸命話をしてくれるわけではない（してくれる人もたまにはいるが）。

普通は、漠然と「何？」「何故？」と質問しても、答えにどのような単語が出てくるかほとんど予測できないし、建築や歴史関係の単語を知らないと理解できないかもしれない。それでやっぱり英語はむずかしいと感じると、臆病になって話せなくなってくる。

そうすると、いつまでたっても英語は謎の言語のままだ。とりあえず、買い物やバスの時間を聞くといった想定内の単語のやりとりをして、会話そのものに慣れていくのがベストだ。そこから少しずつ会話の幅が広がっていくだろう。

旅の言葉のサバイバル術

(1) 質問する

街に出て、目的地を探しあてるのはけっこう大変なんじゃないかとお考えの方もいるだろう。だが、これもたいした問題ではない。目的地の名前、右左、あるいは東西南北、数字程度の英単語を知っていれば、だいたいたどり着ける。

まず親切そうな人を捕まえて、目的地の名前をいう。コツはできるだけ目的地の近辺に行ってから尋ねることだ。電車やバスを乗り継いでいかなければならないところだと、説明が長く複雑になって理解できなくなる。

おそらく親切な人は、進むべき方向を指差しながら、「北へ二〇〇メートル行って、大きな道を左に曲がると五軒目にありますよ」などと教えてくれるだろう。これが理解できない場合は、とりあえずわかったような顔をしてお礼をいい、指差された方向へ歩けばいいのである。適当なところまできたら、また次の人に聞く。これを繰り返していけば目的地に到達することができる。僕もそうやって旅をしてきた（ただし例外もある。インドでは道を聞くたび、それぞれの人がぜんぜん別の方向を指し示すことがある。なので一人の言うことを信じないで、複数の人に確認するようにしている）。

こういう会話を何度か繰り返すうちに理解できることが自然に増えていき、聞きとれるようになっていく。慣れてきたら、「遠いですか？（ファーラウェイ？）」とか、「歩いて何分かかりますか？（ハウメニー・ミニッツ・バイ・ウォーキング？）」といった質問ができるようになってくる。そうすると次第に英語らしい文章になってくるのだ。それでも、旅に必要な英語は中学一年生レベルである。

最悪なのは英語を話せないことを恥ずかしがって寡黙になってしまうことだ。さすがに言葉を一言も発しないで理解してもらうことは不可能である。とにかく何か言う。それが最も大切なことだ。できない語学を補うのは努力と熱意しかない。

何年か前に僕はジョージア（グルジア）という国へ行った。ここで話される言語はジョージア語で、その次がロシア語だ。英語もちょっと通じるが、田舎へ行くと英語を話す人はまずいない。

そんな中、僕はとある田舎の観光地でバスを降りた。洞窟遺跡を見に来たのだが、そこはバス停から数キロ離れていた。どうやって行こうかと考えていたら、タクシーの運転手が声をかけてきた。

僕はジョージア語もロシア語も話せない。タクシーの運転手は英語を話せない。さて、それでどうやってコミュニケーションをとるのか。そんなの無理だと思われるかもしれない。だが、これがけっこう通じちゃうからおもしろい。このタクシーの運転手も自分が知っている数少ない英単語と身振り手振りで僕に話しかけてくる。

「ヴァルジア？　ヴァルジア？（洞窟遺跡の名前）」

「イエス、イエス」

「タクシー？」

「イエス、イエス。ハウマッチ？」

運転手、財布から札を取り出して見せる。これでいくらかかるかが判明。そして運転手は自分の腕時計の四時の部分を示し「バス」という。ここで宿泊することはできないので、バスで次の街へ行かなければならないが、それが二時間後の四時に出るというのだ。そして指を一本突き出し、再び腕時計をさしつつ「ヴァルジア」という。つまりヴァルジアの見学時間は一時間しかないといっているわけだ。

これで必要な会話はすべて通じたといっていい。使われた英単語はイエス、タクシー、ハウマッチ、バスだけである。

すべての会話がこういうふうに成立するわけではない。例えばホテルで知り合ったイギリス人旅行者がこんなふうな会話をするかといえば、まず絶対にしないだろう。イギリス人旅行者にはこんなめんどくさいことをしなければならない理由は特にないからだ。

だが、このジョージア人の運転手は生活がかかっている。仕事なのだ。だから、なんとかして旅行者を自分の車に乗せたい。そのために一生懸命に話せない英語を駆使して説明しようとする。こちらも理解しようとする。ひとえにお互いの努力と熱意の賜物なのである。それさえあれば、たいていのことは通じてしまうのだ。

(2) 話し相手を選ぶ

とりあえず、ホテルに部屋を取り、レストランで食事ができると、やらなくてはならない緊急の用事はなくなる。しかし、ホテルで一人でいるのもヒマだし、誰かと話がしたいけど、あいにく日本人旅行者は泊まっていない。こういうとき、いよいよ「用もないのに」英語を話さなくてはならなくなる。

そこで話し相手を探さなくてはならないのだが、相手によって会話はぜんぜん違うものになる。こちらのひどい英語で話し相手になってくれる人と、なってくれない人がいるのだ。

なってくれやすいのは、手近なところではホテルの従業員である。特にタイやネパールのような非英語圏だと、従業員の英語レベルも高くないので、お互いに少ないボキャブラリーとブロークンな発音を、身振り手振りで補いながら会話することができる。

「ホエア・ドゥー・ユー・カム・フロム？（あなたはどの国から来ましたか？）」というような質問で始まる定例の会話だが、日本人が相手だと「フロム・ジャパン？」とか「ジャパニーズ？」と尋ねてくるのでわかりやすい。

旅行者と話がしたい場合は、その人がどのような英語を話しているかまず観察してみることだ。早くて理解できない英語を話しているような人は、相手が初心者だからといって口調が変わることはまずないのでパス。ホテルの従業員に平明な言葉（つまりこちらも少しは理解できる言葉だ）で話している人のほうが、英語のわからない人の気持ちを理解している。こういう人は、英語が通じない、あるいは自分の母語が通じないという体験を積んできているので、相手が英語力のないことに必要以上にいらいらしないのだ。

とはいえ、話しかけるのはかなりの度胸がいる。やはり何かを質問するのが話しかけやすい。どこを旅してきたか、どこがよかったか、お勧めの場所はどこか、いいホテルやレストランを知らないかなどがよく交わされる質問である。これも一種のパターンがあって、慣れてくればそれほどむずかしい会話ではない。

この場合も、イギリス人やアメリカ人より、ヨーロッパの非英語圏の旅行者のほうが話しやすい（もちろん最も重要なのは相手の人格や人柄で、いかにもやさしそうな人なら英米人でもいい）。ヨーロッパ人に限らず、英語が母語でなければ、少なくとも母語のように話せるわけではない。相手の英語力がなるべく自分に近いほうが拙い会話は成立しやすいのである。

僕の経験では、旅で出会うほとんどのヨーロッパ人旅行者は英語が話せる。比較的聞き取りやすい英語を話すのは、ドイツ人、イタリア人、スペイン人だ。ドイツ人はけっこう英語の上手な人が多いが、イタリア人やスペイン人は下手な人も多く、ボキャブラリーも少なくなるので気楽に会話ができる。

当然のことだが、相手がこちらと話をしたいのか、そうでないのかが会話の最も重要な成立条件である。要するに、相手が英語が上手だろうが下手だろうが、イギリス人だろうがインド人だろうが、話をする気がなければ会話は成立しない。相互に話したい！という強い気持ちがあれば、どんなにブロークンでもデタラメで拙い英語でも必ず通じるのだ。これが言葉の不思議なところである。

最近はこういった言葉の問題が、インターネットの進歩によってどんどん解消されつつある。先日、僕はスマートフォンに音声翻訳のアプリを入れた。しゃべった日本語を他言語に音声翻訳してくれるものだが、ネットにつないでいれば一〇三言語、オフラインでも五九言語に対応する。多言語国家のインドは一〇言語が翻訳可能というからすごい。

実際にこれを旅で使用したことはまだないので、どれほど実用的かわからないが、こういう技術は今後ますます進歩していくだろうから、スマートフォンさえあれば、日本語と他言語の会話がスムーズにできる日は近いかもしれない。

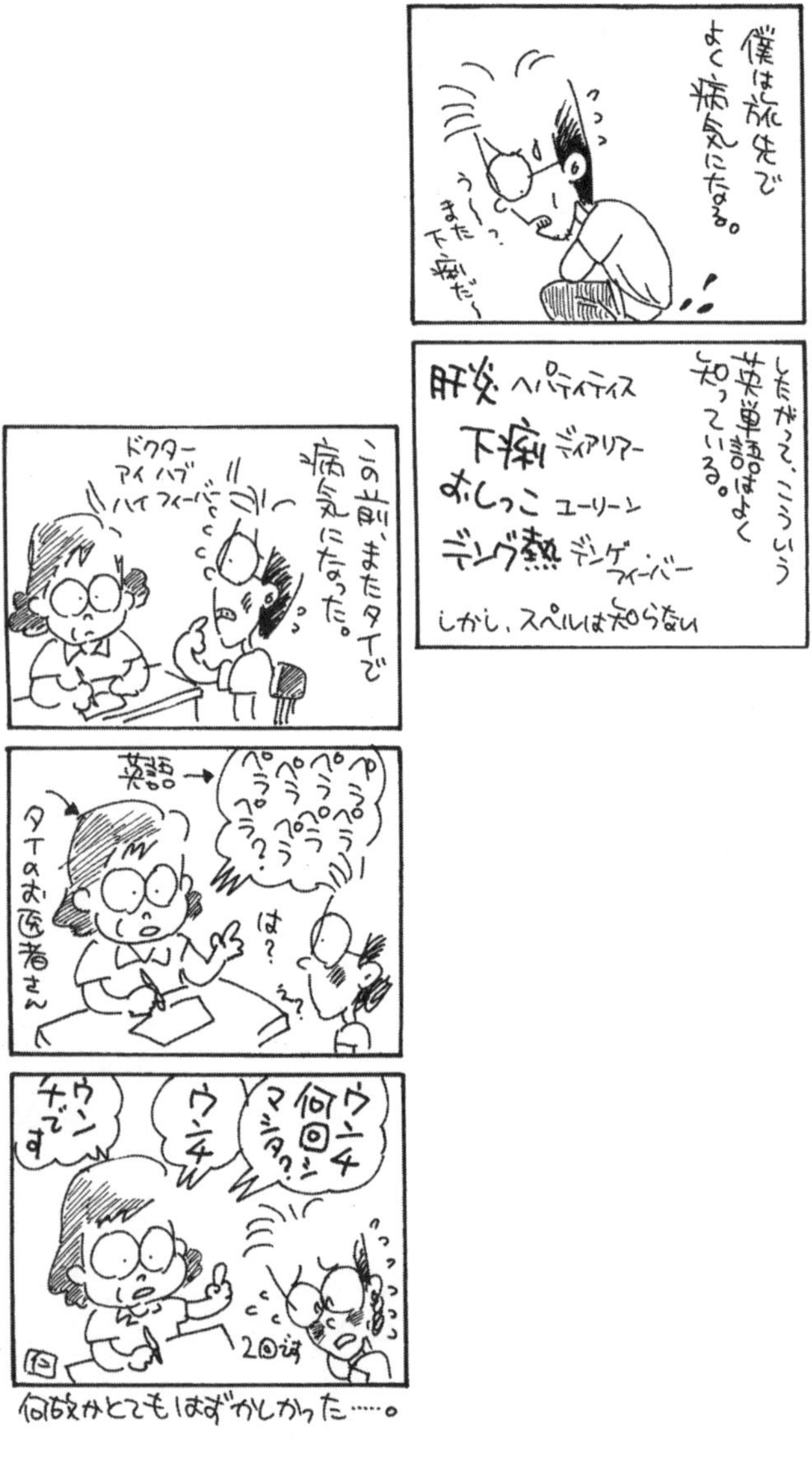

僕は旅先でよく病気になる。
うーっ、また下痢だ〜
したがって、こういう英単語はよく知っている。
肝炎 ヘパティティス
下痢 ディアリアー
おしっこ ユーリーン
デング熱 デングフィーバー
しかし、スペルは知らない
この前、またタイで病気になった。
ドクター アイ ハブ ハイフィーバー
英語→
ペラペラペラペラペラペラペラペラ?
タイのお医者さん
は?
え?
ウンチです
ウンチ
ウンチ 何回 マシタ?
2回です
何故かとてもはずかしかった……。

第五章

旅の移動手段

飛行機

かつてバックパッカーには飛行機で飛ぶのは禁じ手という不文律があった。今と違って格安航空会社（LCC）のない時代、飛行機を利用するのはかなりの金がかかり、飛びたくても飛べなかったので、いくぶん負け惜しみも混じっていると思う。

だが、その一方で、時間だけはたっぷりあるので、高い飛行機を利用しなければならない理由も特になかった。

当然のことだが、陸路と空路では旅の仕方がまったく異なる。飛行機で飛べばA地点からB地点までの途中はないに等しい。陸路には実にさまざまなことが待ち受けている。もちろん苦労が多いのは陸路だ。空路より金はかからないが（今ではLCCのおかげで一概にそうともいえなくなってきたが）、時間もかかればストレスも多い。特に国境を越えるとき、悪い役人に出くわす危険性も陸路のほうが高い。アライバルビザも地上の国境より空港のほうが発給される確率が高い。

どちらも一長一短だが、僕の体験では、陸路のほうがやはりおもしろい。特に国から国へ渡る長距離の旅行は陸路で進むほうがその醍醐味を楽しむことができる。言葉が少しずつ変化し、食べ物や服装など、あるいは人々の顔つきも、国が変わればがらりと変わるということはなく、徐々に変化していくことを実感できる。

それでは飛行機なら旅は簡単かというと、これが意外に問題も起きる。先日ユナイテッド航空がオーバーブッキングして、乗客を無理矢理引きずり降ろしたことで大問題になったが、オーバーブッキングはけっこう頻繁に起こる。僕もオーバーブッキングにあったことがあるが、エコノミークラスからビジネスクラスにランクアップしてくれたので悪いことばかりでもない。

もちろん飛行機の出発が遅れることも頻繁にある。それはわかりやすいのだが、逆に早まることもある。西アフリカのトーゴから、東アフリカのケニアへ飛ぼうとしていたときのことだ。当時、トーゴでは民主化要求デモの激化で交通機関が麻痺していた。チケットを取ったエチオピア航空が空港へ車を出してくれたのだが、その都合で僕が乗る飛行機の出発は七時間もあとだった。空港の掲示板でも出発の変更はないので、僕は空港のレストランへ行き、のんびりと西アフリカ最後の食事をとっていた。

するとそこへ空港職員が血相を変えてやってきて、こういう。

「君はナイロビ行きの乗客か？　こんなところで何をやってるんだ！　さっさと搭乗口へ行け！」

「だって、出発までまだ六時間もありますよ」

「ナイロビ行きはもう出発だ！　さっさと行くんだ！」

すごい剣幕でどなられて、僕はあわててイミグレーションへ走った。待ちかまえていた係員がパスポートのチェックをあっという間にすませ、税関の検査もなく、みんなから「行け！　行け！」と声をかけられながら搭乗口へ走ると、今度は搭乗員が「いったい何をやってたんだ。眠ってたのか？」という。

冗談じゃない！　出発まで六時間もあるじゃないか！

席に着くと、飛行機はすぐに離陸した。

行け行けといわれてせかされて、その勢いのまま飛行機に乗り込んでしまったが、搭乗口ではほとんどチケットのチェックさえしなかった。ほんとにこれはナイロビへ行くのか？　不安になった僕は客室乗務員に聞いた。

「これってナイロビ行きですすよね」

「そうですよ」

「なんで六時間も早く出発したんですか？」

彼女はムッとしてこういった。

「そんなこと私は知りません。あなたのチケットを発券したのは私じゃありませんから、そんなことを聞かれてもお答えできません。あなたはナイロビへ行くんでしょ？　この便はナイロビへ向かっています。何も問題はないじゃないですか」

出発が早まった理由を聞いただけなのだが、あまりにも機嫌が悪そうで、それ以上聞くことはできなかった。

あとで聞いた話だが、こういうことはけっこうあるらしい。乗客が少ないと、同じ目的地の乗客を一つの便にまとめて出発するのだ。だから、出発まで時間があるからといって油断はできないのである。

現在のようなＬＣＣがなかった時代でも、高い航空会社と安い航空会社の棲み分けはあった。高いほうは、日本航空、英国航空、エールフランス航空といったいわゆる西側先進国の航空会社で、僕はほとんど乗ったことがない。安いほうは、パキスタン国際航空、イラク航空、ビーマン・バングラデシュ航空、エジプト航空、ソ連のアエロフロート航空などだ。日本からヨーロッパへ直接飛ぶにはアエロフロートがいちばん安かったはずだが、僕は当時直接ヨーロッパへ飛んだことがなかったので乗ったことがない。かつてのアエロフロートは、まるで軍用機のような内装だったとウワサされていたが、この時代に乗った人の話を聞くと、おもしろい話がいくつも出てくる。

驚かされるのは、なんと席が自由席で、席が足りなくなって床に座っている人もいたという。シートベルトやリクライニングシートが壊れているのはさほど珍しいことではなく、離着陸時には座席がぱたぱたと前に倒れたそうだ。それぐらい空いていることが多かったのだ。機内に必ずハエが飛んでいたという人もいれば、飲み物をポットではなく、ヤカンで配っていたという人もいた。荷物棚が網棚だったという話もある。スチュワーデスが無愛想でたくましかった、空調からもくもくと霧が発生して機内に霞がかかっていたというのは多くの人が証言している。そして、これも多くの人がいっていたことだが、パイロットの操縦が抜群にうまかった。空軍あがりの操縦士だったせいではないかという話である。こんなエアラインに一度は乗ってみたかった。現在は普通のエアラインと変わらないそうである。ちょっと残念。

僕がよく使っていたのは、パキスタン国際航空とビーマン・バングラデシュ航空だ。その当時は高い航空会社に乗ったことがなかったので、パキスタン国際航空のどこが悪いのか比較検討できなかったが、実は今でもよくわからない。

一方、当時のビーマン・バングラデシュ航空ではおもしろいことがあった。僕が利用したのは、バンコク（タイ）を出発し、ヤンゴン（ミャンマー）、ダッカ（バングラデシュ）に寄って、コルカタ（インド）に到着する便だったが、ダッカに着くと飛行機をいったん降りて、ダッカにあるホテルに一泊することになっていた。ホテル代は航空会社の負担だ。

それで、飛行機がダッカの空港に着くと、係員が乗客に次のように説明した。

「これから皆さんにお金をお渡しします。それで免税店でウィスキーとタバコを購入して下さい。免税店を出たら、私が外でお待ちしていますので、品物を渡して下さい。よろしいですか？」

とんでもないことを乗客に頼んでいる。

「それを拒否したらどうなるんだ？」

まじめそうなヨーロッパ人旅行者が聞く。

「いやな方はそのままどうぞ。ホテルへ御案内します。ご協力くださった方は、別のホテルへ御案内します」

「別のホテルってどこだ」

「ファイブスターホテルです」

「協力しない場合は？」

「普通のホテルです」

大笑いである。こういうことを堂々と乗客にいってのけるようなのどかな時代だったのだ。一度はファイブスターに泊まりたい僕は喜んで協力したが、質問したヨーロッパ人は「普通のホテル」を選択した。翌日、コルカタ行きの飛行機に乗るときに再会したので、「ホテルはどうだった？」と聞くと、ただの安宿だったと笑っていた。もちろん今のビーマン・バングラデシュ航空ではこういうことはありえない。

自分のミスで飛行機に乗り遅れたこともある。

初めての海外旅行で、僕はあらかじめニューヨークからサンフランシスコまでの便を予約していた。それが当時いちばん安く飛ぶ方法だったのだ。いよいよ明日の朝、ニューヨークから飛び立つという夜、現地で知り合った旅行者たちと話が弾み、つい夜更かしして寝過ごしてしまったのだ。

仕方ない。次の便を予約しに航空会社のオフィスへ行くと、日本で予約した割引料金は適用されず追加料金が八〇ドル必要だという。これも仕方ない。旅も終わりに近付いていたので所持金は豊かではなかったが、支払うよりほかない。

次の便は昼二時だという。八〇ドルの追加料金にショックを受けて、がっくり肩を落としつつ街へ出たところで、ばったりと昨夜の旅行者たちと遭遇した。

「あれ？　サンフランシスコに行ったんじゃなかったの？」

「それが寝坊しちゃってさ、乗り遅れたんだよ。次の便を予約したら追加料金を八〇ドルも取られたよ」

「そりゃ気の毒に。じゃ昼飯をおごってあげるよ」

「ほんと？　ありがとう！」

そうやってみんなでわいわいおしゃべりしながら昼食を楽しんでいると、時がたつのがなんと早いことか。

「あれ？　次の飛行機って二時っていわなかった？　もう一時半だぜ」

「えーっ？　もうそんな時間？　ここから空港ってどれぐらいかかるんだっけ？」

「一時間以上かかるよ。うーん、もう間に合わないな〜」

ショック！　なんという間抜けだろう。まったくわれながらいやになる。しかし、どうしてもサンフランシスコへ飛ばなくてはならないので、僕は恥をしのんでまたオフィスへ行った。

「すみません、また乗り遅れました」

僕がそういうと、係員から「あなた、何やってるの？　もうサンフランシスコ行きはないわよ！」と大声で怒られた。身の縮む思いとはこのことだ。

「何時の便でもかまいません。探していただけませんか」

そうお願いすると、係員の女性は鼻息を荒くしながらも次の便を探してくれた。

「夜の便しかないわ。それでいい？」

「もちろん。お願いします」

「夜の一〇時だから、今度こそ遅れないでね」

「はい、ありがとうございます」

「それじゃ、このフライトは深夜料金になるから、五〇ドルをお返しします」

「ええっ？　そうなんですか？」

「そうです。必ず九時には空港へ行ってください。これに乗り遅れたら五〇ドルはまた取り返されますからね。わかりましたね！」

「はい、はい、わかりました！」

やった〜！　乗り遅れてよかったと思ったのは、これが唯一のことであった。

禍福は糾《あざな》える縄の如しという言葉どおりだ。

NO〜〜〜！
走る、叫ぶスチュワーデス
エミレーツ航空に乗ったときのこと。塔乗機が給油を兼ねて途中で着陸した。すると、アラブ系とおぼしき男が、開いたドアの立前で、タバコに火を点けた。
ドアの外で、今、給油中だと言ってるではないか！

バス・トラム（路面電車）

バスやトラムは旅行者がよく利用する交通機関だ。市内バスやトラム、近郊へのバス、それに都市間を結ぶ長距離バスがある。トラムは特に旧社会主義諸国のものがおもしろい。ロシア、チェコ、ルーマニアなどのトラムは、いかにも旧型のなつかしく、独特の美しい車体が使用されていて、用がなくても乗りたくなってくる。旧社会主義諸国に限らず、どこの国でもトラムがあれば、料金が安く、速度が遅いので街を眺めるのに最適だ。ポルトガルのトラムは観光客でいっぱいな路線があり、江ノ電のような人気がある。

長距離バスは列車より頻繁に出ていることが多いので僕もよく利用する。一九八〇年代の中国では、三泊四日～四泊五日の超長距離バスが運行していて、僕はこれを数回利用したことがある。朝から夕方まで走り、夜はバスターミナル付属の簡易宿に宿泊して旅を続けるのだ。乗る前はこんなに長いバス旅行なんて無理だろうと思うが、乗ってしまえば無理でも何でも乗っていなくてはならず、次第にバスにも慣れてきて、目的地に着いたときは、まあこんなものかなという感じで、意外にすごい旅だったとは思わなかった。もちろん楽な旅ではなかったが。中国より長いバス旅はその後も経験したことがない。

とはいえ、パキスタンから中国カシュガルへのバス旅行は、僕が体験した中で最も苛酷なものだった。これまで自分の本で何度も書いてきたので多くは繰り返さないが、当時このルートは道路が完成しておらず、途中のところどころで崖が崩れて道が不通になっていた。それを発破で吹っ飛ばしながら進むという超ワイルドなバス路線だった。普通の国ならこういうところに定期バスを運行させることはまずないだろう。もちろん舗装などまったくされておらず、そこをサスペンションがほとんどきかないおんぼろバスで突っ走るので、あまりの振動に身体が壊れるのではないかと思ったほどだ。今ではこのルートはきれいに舗装され、カラコルム山脈の絶景を楽しめるコースになっているらしい。もう一度、ここを快適なバスで走ってみたいものだ。

西アフリカのバスは中国よりも短いがかなりハードだった。マリのバマコからコートジボアールのアビジャンへバスで行くことにした。距離はおよそ一〇〇〇キロ。出発してからどうもルートがおかしいことに気がついた。なるべくメインルートを避け、あまり車が行き来していない田舎の小さな道ばかり選んで走るのだ。

バスに乗ったときはわからなかったが、やがて、その謎が解けた。そのバスは、運行許可を得ていない闇バスだったのだ。ただでさえ警察の検問に引っかかるといろいろ面倒な交渉の多いアフリカで、無許可のバスだったら間違いなく運行停止となる（あるいは多額の賄賂）。だから、検問がない道ばかり選んで走っていたのである。

その道たるや最低最悪で、バスはほとんどヤブの中を走っている。もちろん舗装などされていない。幹線道路を外れているのでレストランさえなく、売りに来たバナナを食べて空腹を満たした。夜になってもバスは走り続ける。中国のように宿に泊まるなんてことはもちろんなく、そもそも宿などない。不眠不休で走り続けること三六時間、二泊三日、バスがアビジャンに到着したときにはへとへとだった。

ちなみに、舗装された幹線道路を走れば、ほぼ一日で到着するそうだ。

バス旅行には思い出が多いが、意外だったのがヨーロッパの長距離バスだ。ベルリンからアムステルダムまで乗ったのだが、僕はヨーロッパのバスだから快適で、ゆったりとしたリクライニングシートで眠っていれば目的地に着くのだろうと思っていた。距離にすると約六六〇キロなので、列車のベッドで一晩ぐっすり眠れるというほどの距離でもない。バスで高速道路を走れば六〜七時間ぐらいだろう。安いだろうし、ヨーロッパの長距離バスにも一度乗っておこうかなというぐらいの考えだった。確かに安かった。五二ユーロ（当時で約六〇〇〇円）。「スリーピング・ライナー」という名前だから、リクライニングシートでゆっくりできるに違いない。もちろんバスはドイツ製。

ターミナルに行くと、すでに乗客が三〇人ほど待っており、あちこちから来ている外国人が多かった。ベルリン自体が多民族というか、多国籍な人々が入り混じる街なので、それがそのまま反映されている。運賃が安いので、比較的低い所得層というのが特徴だ。

車掌はアフリカ系の若い男で、英語とフランス語とドイツ語で案内する。我先に車内になだれ込む乗客たちにまじって、ようやく座席を確保するも、狭いのにがっくり。日本でいえば一九八〇年代の観光バス並である。前後も狭いので十分にリクライニングすることもできない。これがドイツのバス？

走り出しても眠ることなどぜんぜんできない。アジアの山間部をおんぼろバスで走っても眠れた僕が、ヨーロッパの高速道路で眠れなかったのは、一部の乗客が異常にうるさかったからだ。後ろの座席にいた数人の若者グループは話し声が異様に大きく、始終ががはと笑い転げ、左隣りのアジア系の中年男二人組は、大音響のいびきをかいて眠り、数時間後に目が覚めてからは、後ろの若者たちより巨大な声で話をする。おまけにその男は徹底的にオヤジで、大声で話をしながら、おもむろに尻を上げて放屁するのである。周囲の乗客が「オー、ノー！」と叫ぶと、男はがははと笑い飛ばすのだった。どういう神経をしてるのかね。そういう状況が延々と最後まで続くと、さすがに眠れず、着いたときにはぐったりと疲れ果てていた。まさかヨーロッパの長距離バスが、（一九八〇年代の中国以外の）アジアより疲れるとは思わなかった。

僕が経験した長距離バスで最も快適だったのはタイだ。ヨーロッパの安い長距離バスと違って、ドイツ製の高級なほうの車体を使用し、座席もゆったりな上に、飲み物や軽食のサービスまである。少々冷房が効きすぎなのが欠点だが、あらかじめ上着を用意しておけば問題はない。

意外なことにインドの寝台バスも快適だ。以前は、インドの長距離バスは座席も狭く、大音響でビデオや音楽を流しっぱなしだったので大変だったが、寝台バスが運行するようになって、室内は静かで、しっかり横になって眠れるのでかなり楽である。

バスによる旅行はヨーロッパよりアジアのほうが便利だ。ヨーロッパでは田舎の小さな町へ行くバスは本数が少なく非常に使いづらい。日本の地方でも一日に一本か二本しかバスの便がないところは珍しくないが、ヨーロッパでもそれは同じなのだ。

だが、アジアではまだまだバスが人々の交通手段として活発に利用されているので、田舎の小さな町でも頻繁にバスが走っている。大きな都市と都市を結ぶ交通はどこの国でも問題ないが、田舎へのバス旅行は人口の多いアジアが断然やりやすい。アジアの道路は年々よくなっているので移動は快適になっており、車体も日本の長距離バスと同じか、それよりいいものが多い。昔から長距離バスが重要な交通手段となっているところが多いので、バスターミナルは鉄道駅並に立派なところが多く、日本ではあまり味わえない風情がある。特にトルコの長距離バスターミナル（現地ではオトガルと呼ばれる）は、規模も大きく、多くの旅行客が交わって生まれる独特の雰囲気がある。

列車

旅に出て列車を利用することはかなり多い。というか、列車こそ旅だという感じさえするほど、旅と列車は強く結びついている。

まず駅だ。空港もそうだが、列車の場合も駅にいるだけでわくわくする。首都にある駅はどこも立派な駅舎が多く、そこから各地への掲示板を見るだけで旅への高揚感を覚える。僕が体験した駅舎で立派だったのは、アジアではインド、ムンバイのチャトラパティ・シヴァージー・ターミナス駅、タイ、バンコクのファランポーン駅、マレーシア、クアラルンプール駅だ。ロシアのウラジストク駅もネオ・ロシア様式の駅舎が美しい。

ヨーロッパは立派な駅舎がたくさんありすぎて選ぶのは困るほどだが、印象に残っているのは、アールヌーヴォー様式で装飾されたチェコ、プラハ本駅だ。タイルで装飾されたポルトガル、ポルトのサン・ベント駅もすばらしい。

数多くの映画に登場するので有名なのはニューヨークのグランドセントラル駅だ。初めての海外旅行で行ったニューヨークでこの駅を見たときは、アメリカの駅ってこんなに大きいのかと驚いたものだが、このような歴史的な建造物を改装しながら使い続ける駅舎に入ると、過去と現在が交錯する不思議な旅感覚を味わえる。

長距離列車の旅で最も心に残っているのは、前にも書いたように一九八〇年代の中国の苛酷な超長距離旅行だ。今では中国の広大な国土を速くて新幹線のような豪華な高速鉄道が走りまわっているのは、読者もご存知だろう。切符もネットで購入できるそうだ。昔の無座旅行を体験した者にとって、そんな軟弱な列車旅行は味気ない、などとはまったく思いません。そうじゃないと旅はもう無理。

長い列車旅行といえば、なんといってもシベリア鉄道だ。僕は二〇〇五年にウラジオストクからモスクワまでの九三〇〇キロを乗った。途中ハバロフスクとイルクーツクで下車したので全部で二週間かかったが、一気に行っても六泊七日の長い旅となる。

よく、シベリア鉄道は何日も同じ風景が続いて退屈だといわれるが、実際に乗ってみるとそんなことはぜんぜんない。車窓の風景は毎日変化する。ウラジオストクのある東シベリアの極東混合樹林地帯には大河アムール川が流れ、ハバロフスクから永久凍土帯を走ってバイカル湖に到達する。シラカバの森もあれば湿地帯もひろがり、そういう中にぽつぽつと丸太小屋の村や町が見える。途中で見える大小の川の景色も実に美しい。

イルクーツクでは有名なバイカル湖が見え、タイガと呼ばれる針葉樹林地帯が広がり、エニセイ川、オビ川、ボルガ川といった大きな川を越える。こういった川は日本では見ることができない広大な川で、エニセイ川などは河口が幅五〇キロもあるのだ。

ウラル山脈を越えると風景はさらに変わる。広大なシベリアも東から西へ走ると、気候も植生も、村や町の様子も次々に変化していく。

そんなこんなで、列車旅行中は毎日見どころポイントを何か所か通過するので、そこを見逃さないように地図を見たり時間をチェックしなければならず、それほど退屈する時間はない。

最後に、インドの列車旅行を書いておこう。インドや中国、ロシアといった大きな国では国内移動だけでかなりの長距離になる。インドでも二泊三泊の長距離旅行を楽しむことができるが、僕自身の体験からいうと、インドの長距離列車がいちばん楽しい。車内にはひっきりなしにさまざまな人が訪れ、歌ったり、物を売ったり、食べ物が運ばれてきたりする。食べ物を何も持っていなくても、お茶や軽食はしょっちゅう売りに来るので、慣れると楽だ。子どもがほうきを持って掃除にくることもある。もっとも歌や掃除は小銭を要求されるのだが。

インドの列車で驚くべきは、僕が最初に乗った一九八〇年代初頭からこれまで、まったく車輌が変わっていないということだ。少なくとも三〇年以上もの長いあいだ、車輌がまったく変わらないという国が他にあるだろうか。いつ乗っても薄汚れた古い車輌で、窓には盗難除けの鉄格子、トイレや洗面所の設備もまったく更新されていない。この変化のなさは中国と対照的だ。

二〇一六年のこと。僕はインドでいつものように二等寝台に乗った。昔のままの薄汚れた三段式寝台だ（いったい新車だった頃というのはあったのだろうか）。朝、目が覚めてトイレに向かうと、僕のスマートフォンがぶるぶると振動した。僕のスマートフォンはインドでは通信できないのでメールなどが着信することはありえない。だが着信の合図があるということは、列車の中でＷｉ-Ｆｉが飛んでいるということだ。

僕は驚いてスマートフォンを確認した。すると、なんとアンテナが立っているではない

か。いったいこのおんぼろ車輌のどこから電波が飛んでくるのか。半信半疑でSNSに車内の写真を送ってみると、見事に送信されて投稿された。インドの鉄道でも秘かに近代化が進んでいることをこのとき初めて知った。

二等しか乗らない旅行者にはなかなかわかりづらいことだが、実はそんなインドの鉄道でも、徐々にモダンな車輌が運行を始めているらしい。日本の新幹線がインドに導入されるという話も決まったようだし、これからどんどんインドの列車も変わっていき、快適になっていくのだろう。こっちはちょっとさびしい気がしてくるが。

ベニスからアテネへ向かう時、列
車がイタリアからユーゴスラビアへ入った。
その途端、イタリアの街で山のような
買い出しをしたユーゴの男たちが
どっと乗り込んできて、車内は
「アジア的混沌」となった。
税関の課税を免れるた
めに、僕も彼らのGジャン
を一着きせられた。狭く
騒しいユーゴスラビアの夜
だった。
仁 93/1

地下鉄

二〇年ぐらい前まで、地下鉄のある都市は数えられるほどしかなく、地下鉄がある都市といえば、それだけでけっこうなステータスがあったが、今では世界中の都市で建設されるようになり、二〇一三年現在で世界一九〇都市で地下鉄が走っているそうだ。インドの砂漠の中の田舎町だと思っていたジャイプルに地下鉄が走っている時代だ。ほとんどの日本人が知らないような街でも地下鉄があったりする。どこまで実現性のある話なのかわからないが、ネパールのカトマンズにさえ地下鉄計画があるそうだ。

僕が乗った地下鉄で最も衝撃的だったのは、一九七〇年代に乗ったニューヨークの地下鉄だ。とにかく列車の内外を問わず、びっしりと隙間なく落書きされていたのにはびっくりした。当時から有名だったので落書きのことは知っていたが、よくもまあこれほど描き込めたものだと感心すると同時に、やっぱりちょっと恐ろしかった。

それまで僕は日本の地下鉄しか乗ったことがなかったが、初めて外国で地下鉄に乗り、日本のようにどんどん電車がやってこないことと、タイムテーブルなどまったくあてにならないことを知った。

　地下鉄の駅が美しく装飾されているのはポルトガル、リスボンだ。ポルトガルらしくアズレージョという装飾タイルが貼ってある駅もあれば、モダンアートで飾られた駅もある。特に赤ライン（リナ・ヴェルメーリャ）の駅は凝った内装が多いのでおすすめだが、青ライン（リナ・アズール）にあるパルケ駅も、大航海時代がテーマになっていて遊園地にある海賊の館という感じで楽しい。

　地下鉄駅の内装ですごいのは、なんといってもモスクワだ。年間利用客数は東京に次ぐ世界第二位で、一二路線もある世界有数の地下鉄だ。一九三〇年代に建設が始まったが、特に五〇年代に造られた駅が見ごたえがあるといわれている。

　モスクワの地下鉄が豪華に装飾されたのは、大国ソ連の力を誇示するための宣伝だが、その最たる例が「革命広場駅」で、ソ連の兵士や労働者のレリーフや共産主義の鎌マークが壁を飾っている。他の駅も、広々としたホールに大理石を贅沢に使った柱やアーチが並び、さながら宮殿のようだ。ツアーに参加して見物する外国人観光客が多い。

僕は行ったことはないが、アートな地下鉄駅で有名なのは、ストックホルムの地下鉄駅だ。「世界一長い美術館」と呼ばれているそうだ。たくさんの写真がネットにあがっていて、それを見ると洞窟のような駅がモダンなアートで装飾されている。一〇〇駅のうち九〇駅以上の内装が一五〇人以上のアーティストによって制作されたそうだ。

インドで最初に地下鉄が建設されたのがコルカタだ。人力車が走りまわる都市で地下鉄が走っているというアンバランスさがインドらしいが、最初の路線が部分開業したのが一九八四年のことだ。

僕が初めてインドに行ったのもこの頃だが、泊まっていた安宿街の近くでも地下鉄工事が始まっていた。その様子を見ていたら、サリーを着た女性が頭にザルを乗せ、それで地下の土を運び出していた。こんな地下鉄工事は初めて見た。さすがインドだ。工事現場に開けられた穴には木が生えていた。それもかなり太いしっかりした樹木だ。この木がここまで育つのに何年かかったのだろう。いったいこんな調子で本当に地下鉄ができるのかとインド人に尋ねると、笑いながら「一〇〇年後にはできるだろう」といったが、実はもう一部では開通していたのだ。

のちにこの地下鉄に乗った。地下鉄駅の中は地上とは別世界だ。モダンで清潔でインドとは思えない。路上生活者の多いインドで、このような空間を造ったら、ここに住み着く者がいるのではないかと思ったが、当局もそれを恐れてか、構内に入場するのにチェックがあり、利用者以外は入れないようになっていた。

その後、インドではどしどしと地下鉄工事が進み、ニューデリー、ムンバイ、チェンナイ、バンガロールといった主要都市ばかりではなく、ケーララ州のコチといった地方都市でも地下鉄が建設されている。

第六章

旅先での過ごし方

食べ物

旅でおいしいものを食べたいと思っている方は多いかもしれない。残念ながら僕は食べ物にはあまり関心がなく、世界のおいしい食べ物をご紹介できる知識はない。

好き嫌いも特になく、原則として食べられれば何でもいい。現地のなるべく安い食堂でテキトーに食べるというのが僕の旅の食生活で、テーブルクロスがかかったレストランにはほとんど入ったことがない。もちろんそれは料金が高いからであり、チップをいくら置けばいいか考えるのがめんどくさいからであり、Tシャツで入っていいものか迷うのがいやだからだ。

というわけで、ここでは現地の屋台や安食堂の話を書いてみたい。

安くておいしい食事が気軽に楽しめるのは、なんといってもアジアだ。中国、台湾などの東アジア、タイ、マレーシアなどの東南アジア、そしてインドなどの南アジア。こういった地域では、どこに行っても安くておいしい屋台や食堂がたくさんあり、食べるのに困らない。

近年、東南アジアも経済発展し、バンコクでは屋台が禁止になったという話もあるので、いつまで屋台の食事が楽しめるのかわからないが、シンガポールのように屋台を廃止するかわりに、それらの店を集めたフードセンター（ホーカーセンター）のようなものがあるので、今後も安い食事に事欠くことはないだろう。

インドの食事については賛否両論がある。辛くて食べられないという人はけっこう多い。探険家である高野秀行さんは「私は人生初の海外旅行がインドだったのだが、現地の食堂のカレーがあまりに辛くてほとんど食べられなかった」（文春オンライン「高野秀行のヘンな食べもの」）と書いているし、インドに精通している山田和さんなどは、「はっきり言って、われわれに馴染めないというか、不味い。インドカレーは美味い美味いと連発する日本人がいるが、それは僕にいわせれば憧れの国へ行った感激のあまりか、あるいはある種の強迫観念からで、一、二か月も経てば、インドカレーはもういやだ、日本食が喰いたいということになる」（『インド不思議研究』平凡社）と断言している。

人の味覚はそれぞれなので、高野さんや山田さんのいうことは否定できない。僕がインドで会った旅行者にも、カレーが食べられなくてバナナばっかり食べているという人が珍しくなかった。

　僕はインドに行くと、ホテルの近所の安食堂に入り、安い定食を食べる。この定食は、北インドでは「ターリー」、南インドでは「ミールス」と呼ばれるセットメニューで、数種類のカレーと主食（北ではチャパティ、南ではごはん）がセットになっている。これでぜんぜん不満はない。辛すぎて食えないと感じたこともない。特別うまくもないが、まずくて食えないとも思わない。なんたって安い。腹一杯食べて一〇〇円するかしないかだ。初めてインドを旅したときから、僕は終始一貫、安食堂でこの定食をがつがつ食い、それで満足してきた。

　そういう僕にインドのカレーがうまいのまずいのいう資格はほとんどないことは重々承知しているが、基本的に僕はインドのカレーが好きだ。山田和さんのいう通り、日本人旅行者には「日本の蕎麦屋のカレーが食べたい」とこぼす人が多い。僕は日本の固形ルーを使ったカレーや蕎麦屋のカレーはあまり好きじゃないので、日本にいてもカレーうどんは食べないし、カレー屋もインドの味になるべく近いところへ行く。インドのカレーが苦手な人は、都会でない限り他に食事の選択肢がないので、旅を続けるのは大変かもしれない。

しかし、いちばん不思議なのは、インドのカレーは辛すぎて食べられないという感覚だ。多くの人がそういっているので、それは間違っているといいにくいのだが、それでもあえていう。

インドのカレーは辛くない！

おそらくこれを信じてくれる人はほとんどいないだろう。ネットを見ても、旅行記を読んでも、みんな辛いといっているのに、僕だけがそういって信じてもらえるとは思っていない。

そこで、ＳＮＳで「インドのカレーは辛かったですか？」という質問をしてみた。インドを旅して、実際にインドのカレーを食べたことがある人は、本当に辛くて食べられないと感じたのか、直接聞いてみることにしたのだ。答えてくれた人は一四〇人。その結果、

・辛くない　61％
・そんなに辛くない　25％

・辛い　7％
・どっちもあり　7％

「辛くない」「そんなに辛くない」が圧倒的に多く86％の多数を占めた。

インドよりむしろタイ、スリランカのほうが辛いという人が多く、僕もその意見に賛成だ。タイ料理の辛さは尋常ではない。いや、タイ料理だって辛くないものもあるが、辛い料理を比較するとタイのほうが強烈だというのが僕の印象だ。

もちろんインドのカレーがまったく辛くないというわけではない。僕が食べても辛いカレーもあるのだが、そういうのは珍しい。辛さに強い人と弱い人がいるので、弱い人にはインドのカレーは辛すぎて食べられないこともあるだろうし、旅しているうちに辛さに慣れて、辛いとは思わなくなってしまった人も多いだろう。高野秀行さんもあとでお聞きすると、インドへ行くまでトウガラシを一度も食べたことがなかったそうだ。最初のインド旅行で辛かったけれど、今では世界各地でトウガラシに親しみ、インドのカレーはマイルドだと感じるようになったそうだ。

日本のカレー屋の一〇倍、二〇倍と辛さを競うような激辛カレーを作ろうという発想はインドにはない。僕がよく食べる定食は、誰が食べてもほとんど辛くない（まずいものはある）。マトンとかチキンとか単品で頼むと、使われるスパイスも多くなり、辛いカレーもある。それでも日本の激辛カレーとは比較にならない。

インドを長く旅行して各地をまわっていると、地方によって食文化が異なることがわかってくるが、おおまかにいって北と南では料理がまるで異なる。僕がインド料理を本当に料理として意識し始めたのは、南のミールスを食べてからのことだ。それまでおもに北インドを旅していた僕は、インドで食べるものは大雑把にカレーとしか意識しておらず、それにどんな種類があろうが、単純にカレーであるに過ぎなかった。

それが南インドのケーララ州まで来ると、それまで食べていた北インドの定食とはぜんぜん違うことに驚いた。北インドでは、日本のカレーのようなコクのあるカレーにチキンやマトンが入っていて、それにチャパティを添えるが、南インドはベジタリアンが主流で、米が主食だ。野菜中心の食材を使ったカレーやスープは北インドとは風味がまるで異なっていた。使うスパイスも違う。ごはんにヨーグルトをかけて食べるのも驚きで、店員に勧められてやってみると、これが意外にうまい。インドといっても、北と南ではこんなに違うのかと、初めてインド料理の豊かさに気がつかされた。

これまで行ったレストランの名前など一つも覚えていないのに、唯一今でもそらんじていえるのが、ケーララ州のトリバンドラムにある「シュリ・ナラヤン・バワン」という安食堂だ。ここのミールスを食べに何日通ったことか。あんまり毎日来るものだから、店員にすっかり覚えられ、おかわりのおかずやごはんをばんばん盛ってくれた。一九九〇年当時はなんとこれが五〇円で、おかずもごはんもおかわり自由という信じられない安さだった。ほんとに死ぬほど食った。

昔の中国の食事はひどかった。一九八〇年代に初めて中国へ行ったとき、僕は柄にもなく本場の中華料理に淡い期待を抱いていた。日本ではいつも近所の中華料理屋で肉野菜炒めかチャーハンを食い、ラーメンしか食ったことがないような僕が、なにしろ本場だしとわくわくしながら中国へ行ったのだ。

だが、これほど無惨に期待を裏切られたことはなかった。まず、食堂に行っても食べさせてもらえないということに驚いた。店に入り、メニューにある料理を頼んでも「だめだ」といわれるのだ。何故かというと配給券がないからだ。当時の中国は「糧票」という配給券を持ってこないと、食堂でも食事にありつくことはできなかった。外国人旅行者はそういうものは持っていないといっても、ダメなものはダメと追い出されることもしばしばあった。

運よく食事にありつけても、とてつもなくまずいものが多かった。日本の麺はスープにダシがきいているが、本場物はダシがまったくなく、唐辛子や塩などで自分で味付けしなければならない。だから味が単調で素っ気なく、まったくうまくない。ただし値段はおそろしく安く、麺一杯が五〜一〇円とインドより安かった。まずいだけならともかく、いちいち店員と格闘しなければならないのがつらかった。

それが当時の中国のすべてではない。やさしく接してくれる食堂もあったし、うまいものもあった。西安の外国人が宿泊できるホテルの食堂には「学生定食」というセットメニューがあり、格安でおいしい食事をとることができた。学生だといえば外国人なら誰でも食べることができたので、毎日こればかり食べていた。

もちろん現在の中国ではこういうことはありえない。糧票は一九九三年に廃止されているし、日本のコンビニが進出しておにぎりまで販売しているぐらいだ。僕は二〇〇三年に再び中国を旅したが、そのときは食堂で邪険にされることはもはやなく、衛生状態も昔とは雲泥の差だった。

『中国まんぷくスクラップ』（情報センター出版局）などの著作がある浜井幸子さんに、最近の中国の食事事情をお聞きしてみた。彼女によれば、今では屋台も食堂もきれいで、ぼられることもほとんどないそうだ。ネットやテレビでは、中国の食堂では下水から取れた再生食用油や偽物食材を使っているという話がよく流れるが、実際にはそういう被害に遭ったことはほとんどないという。

そうなれば、中国の食は豊かであり、北京や上海のような大都会は別として、地方で安くておいしい食事にありつくことはむずかしいことではないだろう。

アジアでは食事に困ることはほとんどないが、困るのはアフリカとヨーロッパだ。アフリカは納得する方も多いだろうが、ヨーロッパは意外かもしれない。

まずアフリカから話をするが、僕が旅した一九九〇年頃の話。

西アフリカ、ニジェールの首都ニアメで食事に出たら、路上の屋台にあったのはフライドポテトと汁かけごはんだけということがあった。レストランを探したら、発見できたのはテーブルクロスがかかっていて、料理が一品数十ドルするようなベトナム料理店だけだった。原則として、僕はテーブルクロスがかかっているレストランには入店しない（今でも）。

その次のブルキナファソの首都ワガドゥグでは、市場の脇で巨大な鍋でなにかぐつぐつと煮ていて、多くの人々がそれに群がっていた。他に食べ物が見あたらないのでそれに参加すると、シチューのようなものが出てきた。ただし具は一切入っていない。食事を売っていたおばさんが外国人旅行者と気づき、大サービスでニンジンのカケラを入れてくれた。そうか、ここではニンジンのカケラがごちそうなのかとため息が出た。

その次の国マリのジェンネという町ではもっと悲惨だった。電灯もない路上で食べ物を売っている。旅行者三人でそこへ行くと、器が一つしかなく、それは洗面器だった。暗いのでいったいそれに何が入っているのかもわからない。一つの洗面器を囲み、三人で何かを手づかみで食べた（もちろんスプーンもない）。味のことは覚えていない。こういうところには、さすがに長居はできなかった。

現在はどうなっているのか、ブルキナファソでNPO活動を行なっている「緑のサヘル」の方に話を聞いてみた。ブルキナファソのワガドゥグでは、昔より公務員や商売人の数が増え、外食する人も多くなり、屋台もけっこう出ているそうだ。朝の屋台では、スンバラごはん（豆ごはん）、昼の屋台は、ヤキトリ、ヤギのスープ、ササゲの豆ごはんなどがあり、夜の屋台ではアチェケというキャッサバ芋をすりつぶして発酵させたものや、野菜、揚げ魚などが食べられる。こういったものが一食だいたい二五〇CFA（セーファーフラン、約五〇円）～七五〇CFA（一五〇円）。夜の屋台には、焼き肉屋、焼き魚屋もあり、こちらはちょっと高級で二〇〇〇～三〇〇〇CFA（約四〇〇～六〇〇円）。どれもそれほど高くはない。昔と較べるとずいぶんバリエーションが豊かになったと思う。

西アフリカでは、コートジボアールのアビジャン、セネガルのダカール、ガーナのアクラといった都会まで行くと、高いけれど日本食レストランがあったり、屋台や安食堂も多く、フーフーなどの伝統料理が食べられる。フーフーはキャッサバをついて餅にし、スープに入れて、揚げた魚などといっしょに食べる。スープは得てして辛いがけっこうおいしい。

東アフリカや南部はまた事情が異なる。東アフリカはインドからの移民が多く、インド系の人々がレストランを経営していて、そこでカレーやローティ（インドのパン）が食べられる。地元の人々のためのレストランなので安い。

南部はそれまでのアフリカとは別世界だ。特に南アフリカ共和国（以下、南ア）の都市はほとんどヨーロッパと変わらない。ハンバーガーのチェーン店などファストフードの店も数多く食事に困ることはないが、物価が高いので、日本と同じ感覚で金はなくなっていく。ここまで来ると、高級日本食レストランもある。

ヨーロッパではいつも食事に困っているというと意外に思われることだろうが、テーブルクロスのあるレストランを避けていると、残るはファストフードのハンバーガーやサンドイッチばかりになってしまうのだ。あとは酒を飲むバルのような店ばかり。僕は酒を飲まないので、特に西ヨーロッパで気軽に入れる安食堂を探すのは容易ではない。

その中で、比較的安い（といってもそれほど安くはないが）食事にありつけるのは、スペイン、ポルトガル、それに東欧諸国だ。東欧の中ではルーマニア、ブルガリアなどが安いが、その東の旧ユーゴスラビアであるボスニア・ヘルツェゴビナ、セルビアはさらに安い。ただし、同じ旧ユーゴであるクロアチア、モンテネグロは観光国なのでいきなり高くなる。さらに東のアルバニアまで行くと「ヨーロッパの最貧国」といわれて最も安くなる。

二度目にニューヨークへ行ったときもレストランには往生した。あそこでレストランといわれているところは、テーブルクロスがかかり、ウエイトレスがサービスし、チップを置き、しめて五〇ドル以上ですといわれるような店ばかりだ。そういうところには僕はまったく入らない。そうすると、ハンバーガーかサンドイッチ、あるいはファストフードの中華料理ということになり、ニューヨークにいた二週間、僕は中華料理とサンドイッチを交互に食べ続けた。

安い中華料理店に来るのはアフリカ系、アジア系、中東系ばかりで、白人はほとんど見かけなかった。普通のレストランでは一食数十ドルだというのに、ここではヌードルが一杯一・五ドル。それで腹一杯になった。もちろんチップなし。

ハンバーガーは日本でも有名なチェーン店が安いが、そうでなくても安いハンバーガーやサンドイッチはいくらでもある。中東系の人がやっている店があったので、どこから来たんだと聞くと、なんとイエメンだという。僕はニューヨークに来る数年前にイエメンに

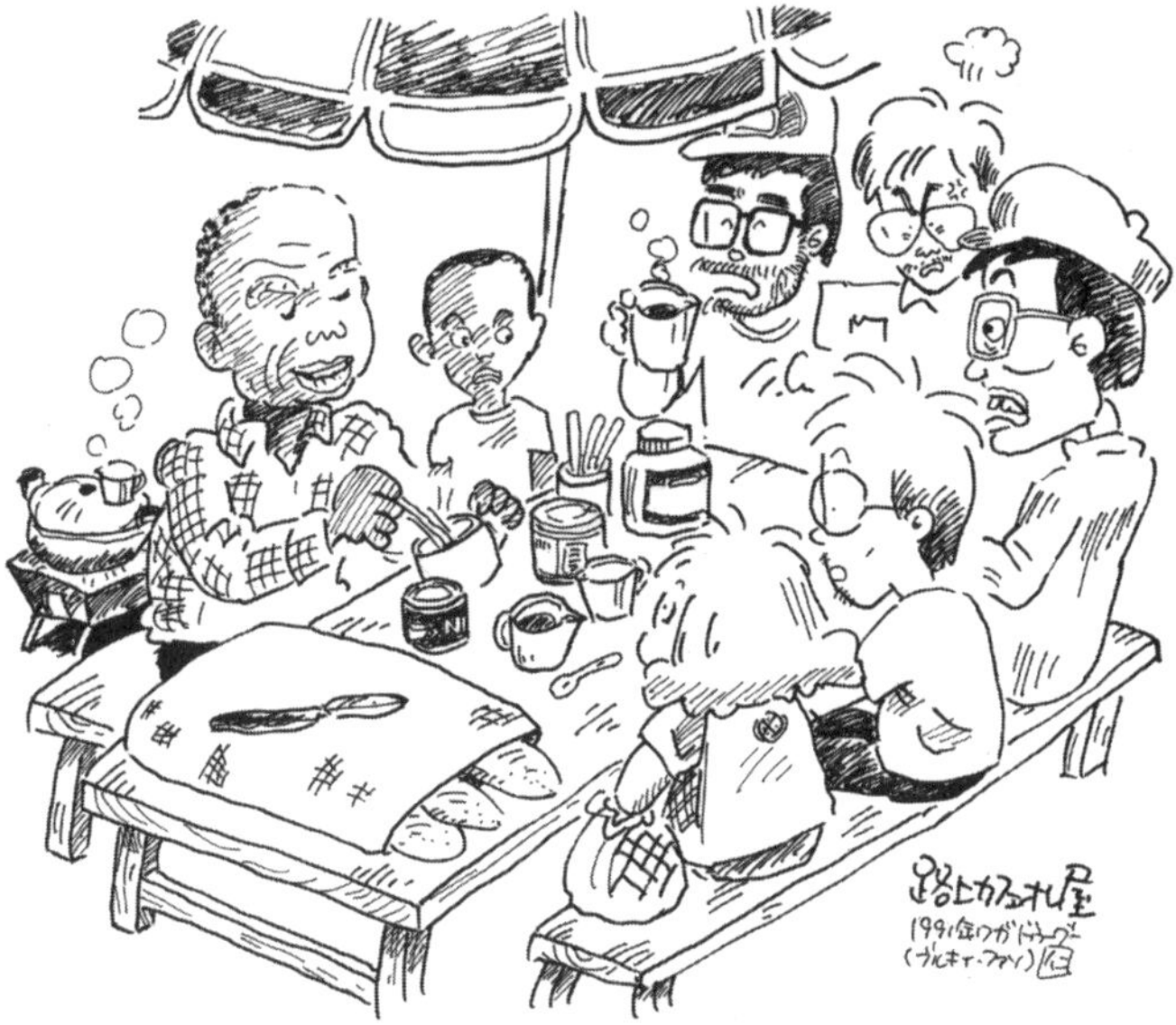

行ったことがあり、まさかイエメン人をそこで見るとは思わなかったので、驚いていると、ニューヨークにはけっこうたくさんいてハンバーガー店をやっているという。イエメンは遠いねというと、数年に一度は帰っているといっていたが、今ではそれもむずかしいご時世かもしれない。

ホテル

旅に出て、いちばん世話になるのがホテルだ。ガイドブックで読者からの要求度が最も高いのがホテル情報だ。

僕はほとんど安宿しか泊まったことがないので、高級ホテルの良し悪しはわからない。安宿といっても料金はさまざまで、例えばインドなら一泊数百円からあるが、西ヨーロッパではインドの安宿よりひどい部屋で八〇〇〇円以上取られたことがある。

どういうホテルがいいかはその人の好みや順応性にもよるが、とにかく寝られればいいという人は安宿で十分だ。清潔なベッドに静かな部屋、快適なレストランやルームサービスを望む人はそれなりの料金を支払わなくてはならない。金がかけられるのならそっちのほうがいいのは当然である。

実をいうと、僕は多くの安宿を泊まり歩いてきたが、いい宿にこだわって探しまわっているわけではない。駅やバスターミナルから安宿街へ行き、そこで目に付いたホテルに入り、部屋がまあまあきれいで、料金がまあまあ安ければ、そのまま泊まってしまう。もちろんガイドブックに情報があれば参考にするが、ベスト・オブ・安宿にこだわって宿を選別しているわけではない。宿探しに時間と手間をかけるのは好きではないのだ。

あるときインドの街で、日本人旅行者から声をかけられたことがある。どこに泊まっているんですか？　料金はいくらですか？　と聞かれたので、ホテルの名前と料金を答えると、「それじゃ、僕が泊まっているホテルのほうが安い」という。

だから何？

「クラマエさんって、いいホテルを探すプロなんじゃないんですか？」という。

「旅の達人」というイメージで、いいホテル探しのプロ、などと思うのは勝手だが、実際にはぜんぜん違うのが世の常、人の常。僕はかなりテキトーにホテルを選んでおり、それでだいたいは満足し、ときには失敗して次のホテルを探すというごく普通の行動パターンをとっているにすぎない。特にコツもなければ技も知らないのだ。安宿に一週間も二週間も滞在するというのなら、もう少し手間も時間もかけるが、一泊二泊で次の街へ行く場合はそんなことはやっていられない。

あるときインドからネパールのカトマンズにバスで到着した。インドの旅で体力を消耗して疲れ果てていたので、カトマンズは休養のつもりだった。一か月ぐらいいる予定だったので、このときは安くて居心地のいいホテルに泊まろうと考えていた。

バスを降りると、すぐに客引きがやってきて、いいホテルがあるという。ガイドブックにも書かれていることだが、客引きのいうことはあまり当てにならない。いいか悪いかは見てみないとわからないので、料金も安いことだし、とりあえずそこへ行ってみることにした。

そのホテルはいかにも安宿で、部屋はそこそこ広かったが、薄暗く、とても清潔というわけにはいかなかった。だが、数百円程度の料金でこれ以上を望むのは無理だ。とりあえずここに泊まって、ぼちぼちいいホテルを探そうということでチェックインした。

一度リュックを下ろし、荷物を広げると、そこから移動するのははてしなくめんどくさくなる。確かにそれほど清潔とはいえないが、不潔でどうしようもないというほどでもない。薄暗いといえば薄暗いけれど、だから困るというほどでもない。ホテル探しは明日からにしようとかいっているうちに、ずるずるとそこに居続けて、気がつけば五週間が経過していた。客引きの男と玄関でばったり会ったら、「おまえら、まだこのホテルにいたのか」とあきれられた。

僕が高級ホテルを利用しないのは、料金が高いということ以外にもいくつかの理由がある。まず、五つ星クラスの高級ホテルはたいてい街の外れにあり、にぎやかな繁華街や下町へ出るには遠いのだ。もちろん高級ホテルに宿泊するような人はタクシーを使うのだろうが、僕はタクシー代がもったいないのであまり使わない。

それから、洗濯ができない。これもまあランドリーサービスを利用すれば問題ないのだが、自分で洗うのを常としているので、洗濯物を干せないホテルには泊まりたくない。

しかし、考えてみれば、タクシーも洗濯も金がかかるからだな。金が十分にあれば高級ホテルに宿泊するのか。自慢ではないが、僕だって五つ星の高級ホテルに宿泊した経験はある。おもに、トランジットで航空会社が無料で提供してくれるホテルだが、こういう場合、滞在時間が短いので、そこから街へ出ることもほとんどないし、洗濯もしないので特に問題はない。

だが、自分で金を出して、何泊もするのに、何百ドルも出して泊まる気にはとてもなれない。これまで泊まったホテルで、最も高額だったのはバンコクの空港ホテルで一泊二〇〇ドル以上した。これは飛行機の中で急病になり、街の安宿までたどり着くことができず、緊急宿泊したので、かなり不本意だった。だいたい宿泊費は二〇〇ドルなのに、デポジットで三〇〇ドルも要求され、そんな現金がなかったので、有り金すべての二五〇ドルを差し出してようやく宿泊できた。まったく理不尽このうえないホテルで、高熱でうなされっぱなしだったので、客室のことも何も覚えていない。

僕が記憶にある中で次に高かったのがアメリカのヒューストンの空港近くにあるホテルで、ダブルで一二〇ドルぐらいだった。トランジットで一泊するだけなのだが、ネットで探してもこれ以上安いホテルを空港付近で見つけることができず、そこに宿泊した。一二〇ドルもするホテルってどういう高級ホテルなのかと思ったら、日本のビジネスホテルよりレベルの低いホテルだった。居心地は特に悪くはなかったが、アメリカで一二〇ドルだと高級ホテルとはいえないのだということを初めて知った。

たぶん、これ以外でも一〇〇ドルぐらいのホテルには泊まったことがある気がするが、ぜんぜん覚えていない。つまり、どうってことない平凡なホテルだったのだろう。

最近の旅では、イランで珍しく六〇ドルするホテルに泊まった。かつてイランはホテル代がかなり安く、一～二ドルで泊まることができた。だが、最近は物価が上昇し、最低でも一五～二〇ドルする。それでもたいして高くはないが、内容は昔の安宿と同じなので割高感は否めない。

そんな中であえて六〇ドルも出して泊まったのは、そこがイランでなくては泊まれないスタイルのホテルだったからだ。昔、豪商たちが豪華な邸宅を競って建てた時代があった。イラン中部にあるカーシャーンで、一九世紀後半に絨毯商の家として建てられた豪邸が改修され、ホテルとしてオープンしたばかりだった。六〇ドルはオープン記念の割引料金だったのだ。ここ以外にも豪商の邸宅はカーシャーンでいくつも補修されて、ミュージアムとして公開されている。それと同じような邸宅がホテルになって宿泊できるのだ。それがダブルで六〇ドルは安い。ここに泊まっていると、建物を見に観光客が訪れてきたほどだ。

実は、近年このような昔の建物を改装してホテルにするのが流行っている。スペインやポルトガルでは修道院や古城を改装してホテルにしている。これはけっこう人気があり、

イラン、カーシャーンの
豪邸ホテル
自分の泊ったホテルを、見所として
撮影することは滅多にありません

料金もそれほど高くはない。僕はポルトガルで、一五世紀の修道院を改装したホテルに宿泊したことがある。客室は修道士の部屋なので狭いが、石の階段やアーチを描いた廊下が趣があって美しかった。ダブルで一一〇ユーロ（当時約一三〇〇〇円）だった。

アゼルバイジャンのシェキという街には、キャラバンサライ（隊商宿）を改装してホテルになっているものがある。アゼルバイジャンは物価が高い国で、首都のバクーでは安宿でも五〇～六〇ドルぐらいしたが、田舎町にあるこのキャラバンサライホテルは、歴史的な建物をホテルにした割には宿泊費が驚くほど安い。ダブルで三〇マナト（当時約三三六〇円）だ。ここも部屋は狭いが、石積みがそのまま露わになった壁で、小さい前室と寝室があった。かつてはキャラバンのラクダがいて、下ろされた荷物があったであろう中庭を客室が取り囲んでいる。石でできた建物の廊下には、有名な美しいアゼルバイジャンの絨毯が敷き詰められ、ほのかな明かりが灯されている。中世そのものの雰囲気が漂うホテルだった。

インドでは昔からマハラジャ（藩王）の宮殿を改装したホテルが各地で運営されている。しかし、僕は宿泊したことはない。インドでは居心地のいい安宿がいくらでもあるし、その価格の差があまりにも大きいので泊まる気が起きなかったのだ。当時の安宿だと二〇〇円だが宮殿ホテルだと一万円以上するので、宮殿一泊で安宿は五〇泊できる。

ところが、ラージャスターン州のシェカワティ地方でも、イランと同じような豪商の邸宅が改修されてホテルになっていることを知り、泊まってみることにした。料金は一泊二二四〇円。価格は安宿とはいえないが、豪商の邸宅なのに部屋の設備は安宿並（お湯も満足に出ないシャワーと、あまり清潔とはいえないトイレ付き）だった。

こういう邸宅の売りは壁一面に描かれた絵である。シェカワティ地方の邸宅は家の内外がびっしりと絵で装飾されている。僕が泊まったホテルも、設備は安宿並だが、建物全体にカラフルな美しい絵が描かれていて、それが普通のホテルにはない見どころとなっている。たいした高級ホテルでもないのに、外国人観光客が見物に訪れてきたが、きっと彼らはもっと設備のいいホテルに宿泊しているのだろう。

最後に、最も有名な安宿の一つをご紹介しよう。それは、インド、コルカタにある「ホテル・パラゴン」だ。ここはインドを旅する旅行者で知らない人はいないというほど有名なホテルだが、別にここが安くていいホテルだからというわけではない。二〇年ぐらい前まで、コルカタの安宿街サダルストリートではこのパラゴンの他、二、三軒しか安宿がなかったので、自然とここに旅行者たちが集まるようになった。僕が初めて泊まったのは一九八四年なので、もう三〇年以上前のことだが、それから幾度か宿泊したことがある。日本人旅行者がまだ大勢インドを旅していた時代だったので、パラゴンのロビーには日本語が飛び交っていた。

個人的には、本当ならここに泊まりたくはない。なにしろ、シーツは取り替えたことがあるのかわからないほど汚れているし、もちろん南京虫も出るし、トイレも不潔で、安いという以外なんの取り柄もないホテルだからだ。しかし、もうちょっと清潔な近隣の安宿が満員だと、ここに泊まらざるを得なかった。

七年前（二〇一〇年）にコルカタに行ったので、パラゴンを覗いてみたが、宿の雰囲気にまるで変わったところはなく、僕が初めてここに泊まった頃とほぼ同じだった。日本人旅行者が泊まっていたので、「ベッドに虫はいない？」と聞くと、いますよーといって、身体をぼりぼり掻いていた。それも昔と変わっていない。

かつてサダルストリートといえば、インド人さえ恐れて来たがらなかった。コルカタで市民に、どこに泊まっているんだと聞かれて、サダルだと答えると、「あんな不潔で、悪い奴が多いところに泊まってたら、病気になるか、身ぐるみ剝がされるかだ。すぐに他のホテルへ移りなさい」と真顔で忠告されたものだ。その不潔で悪者が多いサダルストリートも、今や高級サリー店がオープンするなど、昔と較べるとけっこうお洒落になっている。この界隈にも安いホテルが何軒かできて、昔のように日本人旅行者がパラゴンに集まるということはなくなっているようだ。

先日、パラゴンを訪れた知人が写真をネットに載せているのを見たが、ここだけは時間の流れが止まっているようで、昔とほとんど変わっていない。少なくとも三〇年以上まったく変わることなく、昔の設備のままで営業を続けているのだ。たぶんパラゴンのベッドでは南京虫が何代も子孫を残し続けているのだろう。あれほどたくさんの旅行者でにぎわってきた老舗安宿が、何の改善もなく営業を続けられる不思議さがインドにはまだ残っているといえようか。もし、昔のインドを体験したいという方がいたら、この安宿で体験できるかもしれない。それで得られるものは何なのか、僕にはよくわからないけれど。

これまでホテル探しはガイドブックに頼ることが多かったが、近年はそれが大きく変わりつつある。「インターネット」の項でも書いたが、読者もご存知のように、ネットのホテル予約サイトによるホテル探しが主流になってきている。そういう予約サイトはネットを見ればいくらでも出てくるが、最も有名なのは「トリップアドバイザー」だ。ホテルに泊まると宿の人からここに投稿してほめてくれと頼まれることが何回もあった。それほど大きな影響力を持っているのだろう。

今のところインドやイラン（の安宿）ではネット予約しなくても泊まれたが、東欧などではネット予約なしで行くと満室だと断られたこともある。ボスニア・ヘルツェゴビナの安宿で日本人旅行者に会ったが、そこはガイドブックには掲載されていないホテルで、聞けば同じ予約サイトで予約したといっていた。もうこういうことは珍しいことではないだろう。今後、安宿でさえネット予約なしでは泊まれなくなっていくかもしれない。

予約サイトでは通常料金よりかなり値引きしたバーゲンホテルがよく掲載されている。ヨーロッパはホテル料金が高いので、僕はこのバーゲンホテルでリスボンのホテルを探したが、なかなかリスボンに到着する日程が確定せず、前もって予約できなかった。結局、目星を付けたホテルの目の前まで来て、そこから予約サイトで予約してチェックインした。そのほうが料金がかなり安くなるのだ。

今ではほとんどの旅行者が予約サイトからホテルを予約するようになっている。逆にいうと、予約サイトで予約できないホテルは淘汰されつつあるということだろう。旅に出たら、予約サイトで予約できないホテルを、昔のように自分の足で探し出して、ふらっと泊まってみるのもおもしろいかもしれない。

インターネット

近年、旅行に革命的な変化をもたらしたのはインターネットだ。もちろん読者もよくご存知のことだろう。最近のバックパッカーはホテルでもスマートフォンばかり見ていて、旅行者同士が話をすることもなくなったとお嘆きの方も多い。

二〇〇〇年代になってから、世界各地の安宿で、フリーＷｉ-Ｆｉがホテルの必須設備となっている。ホテルでＷｉ-Ｆｉはあるかと聞くと、当然だろ、そんなこといちいち聞くなという顔さえされる。

ネットの普及で便利になったこともあれば、かえって不自由になったこともある。例えば、安宿でさえネット予約しないと泊まれないことが増えた。次の目的地がはっきり決まっていない場合、このネット予約は苦痛である。予約した通りに旅をしなくてはならないのではぜんぜん自由ではない。

そうはいっても、もう普及してしまったインターネットを嘆いてみても始まらないのだが、ひとつには無視するという手もある。実際、僕の友人には旅行中はまったくネットを使わないという人もいる。それで特に問題はないという。ホテルもなんとか探せたそうだ。もともとネットのない時代から旅をしている人間にとって、ネットがないから不便という感覚は持ちようがないのかもしれない。

とはいえ、現実には多くの国や地域で、ホテルのネット予約が当たり前になっている。準備など何もいらないと書いてはみたものの、インターネットの普及によって、少なくとも到着初日のホテル予約は必須になっている。

僕はけっこうネット漬けの人間なので、旅にはノートパソコンを持っていき、原稿を書いたり、写真の整理に使用しているが、とにかくネットのおかげで旅行環境はがらりと変わってしまった。

まず、日本との電話連絡が劇的に変わった。最も極端な例として書くが、三〇年前のインドで日本へ国際電話をかけようとすると、それこそ一日仕事だった。まず最寄りの中央電話局へ出向き、申請用紙に書き込んで提出し、オペレーターが日本へ電話する。それがつながるまで何時間かかるかわからないのだ。早くて三、四時間。一〇時間ぐらいかかることもあり、下手をするとつながらないということさえあった。もちろん電話料金も高かったから、親にかけるときはコレクトコールだった。

もしかしたらコレクトコールなんて知らないという方が多いかもしれないので、念のために書いておくと、電話料金相手持ちの通話のことで、電話を受けた相手は交換手に、コレクトコールで電話がかかっていますが、お受けになりますか？　と聞かれて、それを承諾した場合のみ通話できるという仕組みだ。だが、国際通話のコレクトコールは二〇一〇年に廃止された。

日本からインドへかけるのもまた同様に困難だった。妻がインドにいる僕のホテルに電話をかけようとしたことがある。当時のＫＤＤ（現在のau）にかけてインドに電話してもらうのだが、これがぜんぜんつながらない。一日たっても二日たってもつながらず、三日目に電話局の人が、これ以上やっても無駄ですと匙《さじ》を投げたほどだ。

当時のインドのガイドブックがあるので、その国際電話の項目を見てみよう。

国際電話はできるが、地方からだとなかなかつながらない。インドなら四大都市、ネパールならカトマンドゥの電話本局へ行って申し込むのがいちばん。

つながるまでの時間は、線の状態によって違う。二〇分〜二〇時間とでも言おうか、必ず何時間でOKというものでもない。スムースにつながる場合に備えて、先方にあらかじめ電話する日を知らせておくとよい。通話料は三分間一〇〇ルピー。(『地球の歩き方 インド・ネパール 84〜85年版』)

「線の状態によって違う」という謎の説明があるが、これは電話線が混み合っている状態だとつながりにくいという意味だろう。当時、インドと日本を結ぶ電話回線は一本しかなく、ビジネスアワーにぶつかると、一般電話はまずつながらないといわれていた。

また、雨や風が強い日も電話はつながらなかった。なんで雨風の影響を受けるのかわからないが、そういう日はよく停電にもなったから、電話線が切れていたのかもしれない。

それほど通信インフラは貧弱だった。

当時で三分一〇〇ルピーといえば、およそ二五〇〇円になる。安宿が一泊一五〜二〇ルピーの頃なので国際電話はかなり高額だったのだ。

ところが、ネットの時代になると、Ｗｉ-Ｆｉが飛んでいる安宿では自分の部屋から簡単に国際電話をかけられる。スカイプやＬＩＮＥを使えば、世界中どこへでも無料か超格安で電話できてしまうのだ。僕はよくこれを利用するが、音質もほとんど問題ない。便利すぎてこわいぐらいだ。

昔はホテルで音楽を聴くのに、カセットテープを持ち歩き、ウォークマンに小型のスピーカーを接続して、などといったことをやっていたが、もちろん今はそんなことは不要だ。Ｗｉ-Ｆｉさえつながればあらゆる音楽を自由に聴くことができる。

デジタル機器で最も驚いたのは地図である。アルバニアをバスで旅していたときのことだった。どこを走っているか確認しようと地図を広げると、前席のアメリカ人がスマートフォンを見せてくれた。Ｗｉ-Ｆｉがないオフライン状態でも、機器に内蔵されたＧＰＳによってスマートフォンの地図上に自分の位置が示されるようになっているのだ。

友人に聞くと、世界各地の地図がダウンロードできるようになっていて、自分の目的地の地図をスマートフォンに入れておき、街を歩くと、駅からホテルまで迷わないのでいいという。今や、そういうことは旅行者の常識であるらしい。

それを試してみたくて、次の旅行で中古のスマートフォンを購入し、インドに持参した。これが実に便利だった。列車やバスに乗っていて、地図上に現在位置が示され、目的地まであと何キロあるかが即座にわかるのは本当に便利である。例えば長距離列車に乗っていて、早朝や深夜に目的の駅に着く予定になっている場合、自分がどこにいるのか、あるいはあと何分で目的地なのかわからずに緊張することが多かった。終着駅なら問題ないが、予定通りに発着しないことが多いインドの列車では、窓から目を凝らして駅名をチェックし、時刻表で目的の駅までの距離を確認しなければならなかった。それが、スマートフォンがあると一発で現在位置がわかるので安心して列車に乗っていられるのだ。

あるいはバスに乗っていて、車窓から珍しい風景や建築物が見えたときも、今まではどこそこに行く途中にこういうものが見えたなあという程度で終わりだったが、スマートフォンがあれば、それがどこなのか正確に特定できる。それが何なのかもネットで探し出せるだろう。

そのときの僕はラージャスターン州の村を巡って壁画を探しまわるというのが旅の目的だった。そういう村は地図にも出てこないような場所だったりする。以前は、リキシャに乗って村を巡る際に、磁石で方向を見て、出発地からだいたいこの方向にどれぐらい行ったからと見当を付けて地図で探したが、正確な位置が特定できないこともあった。だが、スマートフォンがあればＧＰＳで地図を追っていけるので、どんなところだろうが正確に位置をつかめるのだ。

ガイドブックに載っているような街でも、必ずしも街の地図が載っているとは限らない。地図のない街を訪れるとき、駅やバススタンドから目的のホテルまで順路がはっきりわかるのは心強い。二キロしかないのに、リキシャが五キロだ一〇キロだというウソにごまかされることがない。リキシャに道案内までできる。

地図が載っているようなメジャーな街でも、やはりスマートフォンの地図で自分の位置が示されるのはいい。僕は地図を見るのが下手なので、地図を見ながら反対方向に行くという間違いをよくやらかす。だからこれまで磁石で何度も方向を確かめつつ、地図を広げて方向を確認したものだったが、もうそんな必要はなくなった。おかげで、方向音痴の僕にはこれまで絶対に必要だった方位磁石付きの時計が不要になった。

モバイル機器の便利さはもちろんこれだけではない。ガイドブックや関連資料の電子書籍、ＰＤＦをいくらでも持っていけるのがなんといってもすばらしいし、ネットがつなげれば、列車の時刻表もすぐに検索できる。日本でよく使う路線検索がインドでも可能なのだ。それを見れば、目的地までの列車が何本あり、何時に出て何時に着き、料金はいくらということがすぐにわかる。もう時刻表を購入する必要はない。加えて、温度計や高度計も不要で、懐中電灯さえ持ち歩く必要がなくなって、荷物がぐっと軽くなった。

また、ネットを介して現地の人の家や部屋に宿泊するサービス「Airbnb（エアビーアンドビー）」も広がりを見せている。僕は利用したことがないのでその利便性はわからないが、世界一九二か国、三万三〇〇〇都市で、八〇万以上の宿を利用できるそうだ。もっとも、宿泊者が盗難事件を起こすなど、けっこう問題も起きているようだ。ともあれ、インターネットによって旅の仕方はどんどん変わっている。

このようなことは、ネットの旅に慣れた人には「当たり前でしょ、今頃何をいってるの？」てなものだろうが、とにかくこれほど旅は便利になったのだ。

旅は便利であればいいのか？　失うこともあるのではないか？　とおっしゃる方もいることだろう。僕は何かを失った気はまったくしないのだが、しいていえばついＷｉ-Ｆｉ

アムステルダムの
ネットカフェは
50ユーロセント1枚
で、30分間できる。
まるでコイン・ランド
リーみたい。
2002.

を接続して「フェイスブック」や「ツイッター」を見てしまうのが悪い癖になってしまったとはいえるだろう。日本の新聞さえダウンロードして普通に読めるので、以前のように現地の英字新聞を買って苦労しながら読むというようなこともせず、つねに日本とのつながりが切れないという意味では旅の気分が変わったかもしれない。それが旅にとってどれほどの意味を持つのかは、人によっても違うし、自分にとっても経験を重ねないとよくわからないことではある。

物価

いうまでもないことだが、物価が高い国を旅するのはつらい。一日何万円も使わないと旅できないような国には長くはいられない。個人的な感覚だが、できれば、ホテルはダブルで三〇〇〇円以下、食事は一食五〇〇円以下でないと、その国でゆっくり旅をするのはきびしい。半年から一年以上の長い旅をする場合、予算はなるべく切り詰めないと旅を続けることはできない。いわゆるバックパッカーが安宿に泊まって路上で安い飯ばかり食べるのは旅が長いからだ。

ネットで物価の高い国ランキングを見てみよう。

1位：バーミューダ、2位：スイス、3位：アイスランド、4位：ノルウェー、5位：バハマ、6位：デンマーク、7位：バージン諸島、8位：日本、9位：イスラエル、10位：シンガポール

（データ：Cost of Living Index Country 2017, Numbeo）

このデータによると日本より高い国はわずか七か国しかない。とはいえ日本と同じレベルでも旅行者にとっては高いと感じるだろう。おおむね西ヨーロッパ、北米は物価が高く、アジア、アフリカは安い国が多い（アフリカでも南アやナミビアは高い）。

僕の感覚でいうと、このＮＵＭＢＥＯのランキングの五〇位ぐらいまでは高いと感じる。ＮＵＭＢＥＯは、消費者物価指数（ＣＰＩ）、賃料、賃料を含むＣＰＩ、食料雑貨、外食、購買力という五項目が評価指数になっているそうだが、僕の旅の実感とはちょっとずれているように思える。

もっと単純に、一人当たりの国民総生産で比較してみよう。

これで比較すると、日本より上は二一か国になり、こちらのほうがＮＵＭＢＥＯのランキングより僕の実感に少しは近くなるが、こちらでも三九位のポルトガルはまだ高く感じるし、南アは九三位だが、実際の物価はかなり高く感じる。一〇〇位以下になると、ようやく安いなと思える国が並ぶ。インドは一九〇か国中一四五位だ。

ランキング下位でも、ツアーでしか入国できないブータン（一三〇位）を外国人が旅すると高額になるし、一〇九位のアゼルバイジャンもバクーなどの都市はかなり高いなど、下

〈一人あたりの国民総生産（GDP）ランキング〉

1	ルクセンブルク	47	アンティグア・バーブーダ	93	南アフリカ	139	ニカラグア
2	スイス	48	セントクリストファー・ネーヴィス	94	マケドニア	140	ウズベキスタン
3	ノルウェー	49	トリニダード・トバゴ	95	イラン	141	ソロモン諸島
4	マカオ	50	セーシェル	96	ベラルーシ	142	モルドバ
5	アイルランド	51	ウルグアイ	97	ジャマイカ	143	ジブチ
6	アイスランド	52	リトアニア	98	ナミビア	144	コンゴ共和国
7	カタール	53	ラトビア	99	ベリーズ	145	インド
8	アメリカ	54	パナマ	100	イラク	146	サントメ・プリンシペ
9	デンマーク	55	チリ	101	ガイアナ	147	ケニア
10	シンガポール	56	ハンガリー	102	ボスニア・ヘルツェゴビナ	148	ガーナ
11	オーストラリア	57	アルゼンチン	103	エルサルバドル	149	キリバス
12	スウェーデン	58	赤道ギニア	104	アルバニア	150	コートジボワール
13	サンマリノ	59	ポーランド	105	グアテマラ	151	パキスタン
14	オランダ	60	クロアチア	106	サモア	152	バングラデシュ
15	オーストリア	61	モルディブ	107	パラグアイ	153	カンボジア
16	香港	62	コスタリカ	108	トンガ	154	ザンビア
17	フィンランド	63	レバノン	109	アゼルバイジャン	155	モーリタニア
18	カナダ	64	トルコ	110	アルジェリア	156	カメルーン
19	ドイツ	65	グレナダ	111	ジョージア	157	ミャンマー
20	ベルギー	66	モーリシャス	112	スリランカ	158	レソト
21	イギリス	67	セントルシア	113	チュニジア	159	ジンバブエ
22	日本	68	ルーマニア	114	エジプト	160	キルギス
23	ニュージーランド	69	マレーシア	115	モンゴル	161	タンザニア
24	フランス	70	ロシア	116	インドネシア	162	セネガル
25	イスラエル	71	ブラジル	117	コソボ	163	イエメン
26	アラブ首長国連邦	72	メキシコ	118	マーシャル	164	チャド
27	イタリア	73	ドミニカ国	119	アルメニア	165	エリトリア
28	韓国	74	中国	120	アンゴラ	166	タジキスタン
29	ブルネイ	75	ナウル	121	ツバル	167	エチオピア
30	スペイン	76	ベネズエラ	122	スワジランド	168	ベナン
31	クウェート	77	カザフスタン	123	リビア	169	マリ
32	マルタ	78	ガボン	124	ミクロネシア	170	ハイチ
33	バーレーン	79	ブルガリア	125	ボリビア	171	コモロ
34	バハマ	80	ボツワナ	126	カーボヴェルデ	172	ネパール
35	キプロス	81	ドミニカ共和国	127	モロッコ	173	ルワンダ
36	台湾	82	セントビンセント・グレナディーン	128	バヌアツ	174	ギニアビサウ
37	スロベニア	83	モンテネグロ	129	フィリピン	175	ウガンダ
38	サウジアラビア	84	トルクメニスタン	130	ブータン	176	ギニア
39	ポルトガル	85	スリナム	131	ホンジュラス	177	ブルキナファソ
40	チェコ	86	ペルー	132	パプアニューギニア	178	トーゴ
41	ギリシャ	87	エクアドル	133	ラオス	179	アフガニスタン
42	エストニア	88	タイ	134	スーダン	180	シエラレオネ
43	パラオ	89	コロンビア	135	東ティモール	181	リベリア
44	オマーン	90	ヨルダン	136	ナイジェリア	182	ガンビア
45	スロバキア	91	フィジー	137	ウクライナ	183	コンゴ（旧ザイール）
46	バルバドス	92	セルビア	138	ベトナム	184	ニジェール

出典：IMF-World Economic Outlook Databases（2017年10月版）

位だからといって必ずしも安いとは限らない。ナミビアも九八位だが、旅行者にとってはかなり高い国として知られている。

右の二つの統計で挙げられた国で僕が行ったことがあるのは、イスラエル、シンガポール、アメリカなど七〇の国と地域。スイスやアイスランド、ノルウェーといった北欧の国々は物価が高いので今でもなかなか近寄れない。イギリスのロンドンでは地下鉄の初乗りが四ポンド（二〇〇五年当時約八〇〇円）もして、地下鉄にさえ乗るのが憂鬱になった。イスラエル、シンガポールは今は高いようだが、僕が旅をした三〇年前はそれほどでもなかった。

旅の予算は状況によって変わる。旅先の物価はもちろんだが、自分の要求によってももちろん変わる。旅で何がしたいかだ。

例えば、中国は七四位で日本のはるか下に位置する。安いドミトリーだと一〇〇〇〜一三〇〇円だが、世界遺産クラスの名所に入ると入場料は一七〇〇円前後。宿と食事をいちばん安いものにしても一日五〇〇〇円以上はかかると浜井幸子さんはいっている。一日に名所に数か所入り、夕食にちょっと贅沢すると一万円ぐらいは使ってしまうことになる。

というわけで、安い国であっても、観光にいそしみ、まともな食事をし、ビールなんかを飲んでしまうと、あっという間に一日一〇〇ドルコースとなってしまうのだ。ドミトリーは嫌なので個室に、屋台じゃなくてレストランでとかいっていると、コストはどんどんふくらんでいく。昔と違って、経済発展を続ける中国や東南アジアの国々は、もう夢のように安いところではなくなっている。

ロンドンのように高い都市にいると、ただいるだけで毎日一〇ポンド札がぴゅんぴゅんと消えていくので、ゆっくり過ごす気分にはとてもなれない。各地をまわるのも早足になる。金のないバックパッカーは、ユーレイルパスを買って、列車で各国をまわる人が多いが、僕の友人にはホテルが高いので、できるかぎり寝るのは列車だというやつがいた。早朝に列車で到着し、夜の列車で次の街へ移動する。これの繰り返しだ。だから、列車で一晩もかからないような近い街だと逆に行くことはできない。遠くの街へ行ってそこを見たら、また引き返すというようなこともやっていたようだ。もちろんこんなことは若くないとできない。

だが、数日から数週間の旅なら、それほど予算を切り詰める必要はない。短い旅の場合は時間のほうが貴重なので、ホテル探しや交通機関の確保に時間を費やすぐらいなら、あらかじめ予約したり、タクシーなどを利用するほうが旅は充実する。

一八五ページに「海外・個人旅行者の一人あたりの費用」を掲載したので、参考にして下さい。


バックパッカーの中にはただひたすら安さだけを追求するタイプも多い。僕も経験があることだが、日本からインドのような物価の安い国へ行くと、あまりの安さにカルチャーショックを覚えることがある。いったいどこまで安いのかを知りたくて、とにかく安いものを探す、徹底的に値切ることに突き進んでしまうのだ。

それはそれで旅のやり方の一つだとは思うが、すべてではない。せっかく憧れのタージマハルまでやってきて、外国人料金が地元の人より数倍するという理由で、裏口からこっそり見ましたと自慢げに語る旅行者もいる。それもかなりたくさんいる。それで満足するのなら文句はないが、憧れてやってきたのならそれぐらい払えるだろうにと僕は思う。そこまで来るのに高い航空運賃とか列車の料金を払っているのだし。たぶん地元民の何倍もの料金を払わされることに納得がいかないので抵抗しているのだと思うが、その気分は僕も理解できる。

もちろん金の使い方は自由なので文句をいう筋合いではない。日常生活でも人々の金銭感覚はそれぞれ違う。貧しい食事に耐えながら高級車を乗りまわす人もいれば、おんぼろのアパートに住みながらネット代に何万円も支払っている人もいるだろう。タレントと握手したいばっかりに何百枚もCDを買う者もいる。人は好きなものに惜しみなく金を払うのだ。

この三〇年で、日本の経済的な地位もかなり変化した。僕が旅を始めた一九八〇年代は、円がどんどん強くなっていった時期で、アジアではめまいがするほど物価が安く感じたものだ。インドでは一か月一〇〇ドルあれば十分といわれた。その頃のレートでは二万四〇〇〇円だ。旅の仕方にもよるが、今ではその倍は必要だろう。それでもインドはまだまだ安い。

二〇〇九年に旅したルーマニアで、宿の主人から日本人の平均収入がいくらかと聞かれた。平均年収が四〇〇万円ぐらいだと答えると、主人はちょっと驚いたような顔をして、

「そんなもんなのか」といった。ルーマニアは一人あたりのGDPランキングで見ると六八位だが、貧富の差が激しいので、所得の多い人々から見ると、日本人の平均収入はそれほどの金額ではないのだ。

貧しい国ばかりだった東南アジアの国々も経済発展し、今や多くのタイ人、マレーシア人、シンガポール人が日本に観光に訪れるようになった。かつてアジアのどこの国へ行っても、日本人の収入はいくらかと聞かれて、それを答えるたびに羨望の混じった驚きの声が上がった。僕が一か月旅をする金が、彼ら家族が一、二年暮らせるような大金であることに後ろめたさを感じたものだ。今やそういうことも少なくなっただろう。旅の予算が高くなるのは苦しいが、こちらが一方的に訪れるだけだったアジアの人々が、日本に観光に来られるようになったことで、旅の気分がほんのちょっと軽くなった。

表〈海外・個人旅行者の一人あたりの費用〉の見方

想定した旅行者のイメージ

40～50代ぐらいの個人旅行者。かつてはドミに泊まる格安バックパッカー旅をしていたが、今回の旅では、旅行期間は1～2週間以内なので、節約はするが極端にケチはしない。宿は安宿のシングル(トイレ、シャワー共同でもOK)、あるいは中の下ぐらいのビジネスホテルに宿泊。観光は主なところはする(1日2～3か所は必ず)

ホテル

首都クラスはずば抜けて高いことがあるので、第2～4ぐらいの都市に泊まることで平均化

【ホテル中級】都市ならビジネスホテル程度。ある程度経済的だが、大人が泊まり、そこそこ快適なホテル。島などのリゾートならツインの一人分。

【ホテル安宿】最低レベルのシングル(ドミトリー不可)。都市部ではトイレ、シャワー共同でもいい。なるべく中心部のアクセスがいい場所。

食事3食

【朝食】日本のモーニングセットほどの雰囲気、もしくはスタンド。

【昼食】観光途中なので、さっと食べられるツーリスト向けの店。

【夕食】メインとビール一杯くらいの雰囲気。大衆的なレストランでの食事。

・物価が高い欧米の場合、朝食や昼食はファストフードで代用。
・アメリカのレストランではチップが15～20%なので、高くつく。
・国によっては宿泊に朝食がつくのが一般的だが、他と合わせるために朝食分も考慮して足している。
・ミネラルウォーター1本など、ソフトドリンク代も入れている。

移動費

・バスや鉄道で2～3時間ぐらいの長距離移動、あるいは市内でバスやタクシー。
・ヨーロッパの小国などは、1時間ほど離れた場所への片道料金と市内交通。
・国が大きいほど移動費がかかる。また、国内線を使わないと時間がかかりすぎな国もあるが飛行機代を入れると予算が跳ね上がるので、それは別会計にしてここには入れていない。アメリカ周遊、中国やインドの国内飛行機移動も入れると、それぞれの国の予算は上がっていく。
・バスや列車の等級は、旅行者が一般的に使うものを基準。安いが、各駅で時間がかかりすぎるものは、1、2週間の旅行者にとって逆に不経済なので、急行や特急料金がかかっても一般的なものを選んだ。その代わり、ラグジュアリーかどうかは特に問題にしていない。

観光

博物館や美術館、世界遺産や大きな見どころ、小さな見どころで、1日3つぐらい回るイメージ。国によって観光地があまりないところは、当然ながら安くなる。
・外国人料金があるところも。
・ただし移動日もあり、毎日観光するわけではないので、1日3000円ほど観光費がかかるが、翌日は移動で観光できないような国のイメージなら1500円としている。
・海やリゾートでは、観光というとマリンスポーツなどのアクティビティになるので高くなる(1回1万円弱)。

〈海外・個人旅行者の一人あたりの費用〉（制作：前原利行）　＊順位は日本人渡航者の多い順　＊金額は円　＊ラインキングの●はランク外

番号	エリア	国名	順位2012	ホテル中級	ホテル安宿	食事3食合計	移動費	観光	合計（中級）	合計（安宿）	備考
1	ヨーロッパ	イギリス	22	10000	5000	6000	5000	5000	26000	21000	ロンドンはこの1.5倍ぐらい
2	ヨーロッパ	フランス	11	7000	3000	5000	4000	3000	19000	15000	パリは特別に高く、宿泊費が1.5倍に上る
3	ヨーロッパ	ドイツ	10	7000	3000	4000	4000	2500	17500	13500	
4	ヨーロッパ	ベルギー	31	7500	3500	3000	1800	2000	14300	10300	
5	ヨーロッパ	オランダ	30	8000	3500	5000	2000	4000	19000	14500	
6	ヨーロッパ	デンマーク	●	13000	3500	5000	2500	3000	23500	14000	
7	ヨーロッパ	スイス	20	12000	5000	7000	8000	6000	33000	26000	観光では当然、登山鉄道に乗ったりするので高くなる
8	ヨーロッパ	オーストリア	21	8000	4000	4000	3000	5000	20000	16000	
9	ヨーロッパ	スウェーデン	41	15000	5000	4500	3000	4500	27000	17000	酒税が高いので、お酒を飲むと食費が跳ね上がる
10	ヨーロッパ	フィンランド	32	13000	6000	5000	4000	4000	26000	19000	
11	ヨーロッパ	アイスランド	●	16000	7000	4000	2000	5000	27000	18000	
12	ヨーロッパ	イタリア	18	9000	4500	5500	2000	3500	20000	15500	美術館や博物館を3つ見るぐらいのイメージ。 ベネチアなど北部ほど物価は高い
13	ヨーロッパ	スペイン	17	7000	3500	4500	3000	3500	18000	14500	バルセロナとマドリッドはもう少しお金がかかるかも
14	ヨーロッパ	ポルトガル	38	7000	3500	4000	2500	2500	16000	12500	
15	ヨーロッパ	ギリシャ	●	7000	3000	4000	2000	2000	15000	11000	観光シーズンの島は物価がもっと高い。宿代も倍になる
16	ヨーロッパ	ポーランド	45	5000	2500	2500	1000	1500	10000	7500	
17	ヨーロッパ	ハンガリー	35	5000	2500	2500	1000	1500	10000	7500	
18	ヨーロッパ	チェコ	29	5000	3000	3000	1000	2000	11000	9000	
19	ヨーロッパ	スロベニア	44	7800	4500	3000	2000	2000	14800	11500	首都を中心に日帰りで足を延ばすと思うので、そこそこ高くなる
20	ヨーロッパ	ボスニア・ヘルツェゴビナ	●	6000	3000	2300	1500	1200	11000	8000	移動はモスタルに行くぐらい

21	ヨーロッパ	クロアチア	27	7500	4500	2700	2000	1800	14000	11000	夏のアドリア海沿岸の物価は跳ね上がる
22	ヨーロッパ	ロシア	33	5000	1500	3000	500	2000	10500	7000	モスクワに近いと高い
23	ヨーロッパ	ウクライナ	●	6000	3000	1200	1000	600	8800	5800	対ドルレートが下落して安くなった
24	ヨーロッパ	グルジア	●	3000	800	1000	800	500	5300	3100	
25	ヨーロッパ	マルタ	●	10000	3500	2500	1500	2500	16500	10000	観光地なのでシーズン中の宿泊代は上がる
26	アジア	中華人民共和国	3	6000	1800	2500	3000	3000	14500	10300	上海、北京など東部の大都市は物価が高い
27	アジア	韓国	2	10000	3500	2000	2500	2000	16500	10000	
28	アジア	台湾	5	7000	2500	2000	1500	1000	11500	7000	
29	アジア	香港	7	8000	3500	2500	600	1000	12100	7600	長距離移動がないので、移動費はあまりかからない。
30	アジア	マカオ	16	12000	7000	2500	400	1000	15900	10900	長距離移動がないので、移動費はあまりかからない。
31	アジア	フィリピン	15	4000	1000	2500	600	1000	8100	5100	セブ島は物価が高い。 観光はマリンスポーツをすると跳ね上がる
32	アジア	ベトナム	12	2500	1000	1200	2000	2000	7700	6200	
33	アジア	タイ	6	2500	900	1500	800	1000	5800	4200	
34	アジア	カンボジア	26	2500	800	1000	1000	1500	6000	4300	アンコールワットの観光は欠かせないのでそこそこ高くなる
35	アジア	ラオス	42	4000	1200	700	500	500	5700	2900	入場料がかかる観光物件が少ない
36	アジア	マレーシア	13	3500	1800	2500	800	600	7400	5700	
37	アジア	インドネシア	14	3800	1500	1000	800	600	6200	3900	バリ島滞在のみだとこれより高くなる。 ジャワ島をバスや鉄道で移動していくとこのくらい
38	アジア	シンガポール	9	15000	5500	3000	1500	3500	23000	13500	
39	アジア	インド	24	2800	700	1000	600	1500	5900	3800	入場料は外国人料金で高い
40	アジア	ミャンマー	40	3500	1200	1000	1000	1000	6500	4200	

41	アジア	バングラデシュ	●	6000	700	900	600	500	8000	2700	入場料がかかる観光地が少ない
42	アジア	ネパール	●	4000	600	1000	600	700	6300	2900	
43	アジア	パキスタン	●	3000	700	1000	600	500	5100	2800	入場料がかかる観光地が少ない
44	アジア	スリランカ	●	2500	700	1000	400	1000	4900	3100	コロンボのホテルはこれより高くなる
45	アジア	モルディブ	●	12000	7000	10000	4500	20000	46500	41500	リゾートから出なければ、移動費はかからない。観光はアクティビティなのでお金がかかる。旅の費用は一週間で30万ぐらいが平均
46	中央・西アジア	ウズベキスタン	●	3000	1500	1200	500	800	5500	4000	
47	中央・西アジア	イラン	●	3000	1500	800	500	600	4900	3400	
48	中央・西アジア	アラブ首長国連邦(ドバイ)	●	7000	4500	3000	1000	3000	14000	11500	砂漠ツアー以外は市内から出ることは少ない
49	中央・西アジア	バーレーン	●	5500	4000	3000	1000	1000	10500	9000	
50	中央・西アジア	トルコ	25	6000	3000	1800	1200	2000	11000	8000	
51	アフリカ	エジプト	47	4000	2000	1000	800	1200	7000	5000	現在は渡航者数ランキング50位圏外に
52	アフリカ	チュニジア	●	2500	800	1800	800	800	5900	4200	
53	アフリカ	モロッコ	50	5000	1500	1600	1500	800	8900	5400	移動距離が意外とある
54	アフリカ	ケニア	●	5000	1000	1000	500	6000	12500	8500	サファリに参加したりして観光代がかかる
55	アフリカ	タンザニア	●	5500	1200	1200	600	6000	13300	9000	サファリに参加したりして観光代がかかる
56	アフリカ	南アフリカ	49	5500	2000	1700	1000	5000	13200	9700	サファリや国立公園に一度は行くでしょうから観光代も高くなる
57	アフリカ	ウガンダ	●	4500	1000	1000	600	4000	10100	6600	サファリや国立公園に一度は行くでしょうから観光代も高くなる
58	アフリカ	モザンビーク	●	4000	2000	1000	1500	500	7000	5000	お金がかからない観光地が多い
59	アフリカ	セネガル	●	5000	2000	1400	800	500	7700	4700	
60	アフリカ	ナイジェリア	43	7000	3000	1600	600	500	9700	5700	

61	北米	アメリカ合衆国	1	14000	8000	4000	2000	6000	26000	20000	ニューヨークなどの大都市だと宿泊代は1.5倍に跳ね上がる。 税、チップなどが足されていくので食費は高い
62	北米	カナダ	23	10000	5000	3000	2000	3000	18000	13000	
63	北米	メキシコ	34	4200	2600	1800	1600	800	8400	6800	
64	中米	グアテマラ	●	4000	1200	2500	1000	1500	9000	6200	
65	中米	コスタリカ	●	5000	2000	2000	1000	1500	9500	6500	
66	中米	パナマ	●	6000	3500	2000	700	1000	9700	7200	
67	南米	ブラジル	36	7000	3500	2300	2000	3000	14300	10800	南米ではかなり物価が高い。 国土が広いので移動費もかかる
68	南米	アルゼンチン	●	5000	2000	3000	1500	2000	11500	8500	
69	南米	ペルー	39	5000	2000	2000	1200	2000	10200	7200	
70	南米	ボリビア	●	2500	800	1000	800	1500	5800	4100	
71	カリブ海	キューバ	●	12000	3500	3000	1000	2000	18000	9500	
72	カリブ海	ジャマイカ	●	13000	3000	2500	2500	1500	19500	9500	
73	オセアニア・太平洋	オーストラリア	21	8000	4000	3500	2500	6000	20000	16000	国土が広いので移動にお金がかかる。 国内線代を足すと跳ね上がる
74	オセアニア・太平洋	ニュージーランド	37	10000	4000	3500	2500	1200	17200	11200	
75	オセアニア・太平洋	タヒチ	●	12000	7000	3000	2500	1000	18500	13500	
76	オセアニア・太平洋	グアム	8	17000	8000	6000	1500	8000	32500	23500	観光はマリンアクティビティになるので、高くなる
77	オセアニア・太平洋	サイパン（北マリアナ諸島）	28	15000	7000	5000	1500	8000	29500	21500	観光はマリンアクティビティになるので、高くなる
78	オセアニア・太平洋	ニューカレドニア	●	10000	4000	5000	3000	1500	19500	13500	
79	オセアニア・太平洋	ハワイ	4	16000	8000	6000	1000	8000	31000	23000	観光はマリンアクティビティになるので、高くなる
80	オセアニア・太平洋	パラオ	46	14000	7000	5000	1300	10000	30300	23300	

第七章

旅の安全

病気

旅で最も心配なのが、盗難、事故、病気だろう。できることなら、やっぱり病気にはかかりたくない。まったく自慢にはならないが、僕はけっこう病気にかかっているし、何度か現地の病院で入院もした。軽い下痢から重い下痢、デング熱、肝炎、虫歯、その他いろいろあるが、なんとか生きて旅を続けてきた。

資料（日本人海外出国数と事件・事故の実態――損害保険料率算出機構）によれば、海外で病気になった日本人は年間六二五人、全体の〇・〇〇三五％だそうだ（二〇〇〇年）。二〇〇〇年までの過去一〇年の数字を見ると、一九九一年の二六三人、〇・〇〇二五％から上昇傾向にある。もちろんこれは届け出があった病人だけだろうから、実際にはこの何百倍もの病人が存在するはずだ。

旅行者がかかりやすい病気のナンバーワンは下痢だ。

「旅行者下痢」と呼ばれる下痢がある。東南アジアやインドに行くと、一種の通過儀礼となっているほど誰でも下痢になるが、原因はいろいろあり、下手をすると脱水症状で危険な状態に陥ることもあるので、下痢をしたら水分の補給が大切だ。生水を飲まない、怪しい食べ物は食べないといった予防法は一応あるが、その程度のことは誰だって気をつける。それでもかかってしまう人が多い。

僕の経験では、雨季と乾季でかなり罹病率は異なるように思う。例えば雨季のコルカタなどに行くと、生水を飲まないとか、食べ物に注意するなどの基本的な注意はほとんど無駄だ。コルカタは雨季になると雨水が路上にあふれて、下水が上水に混ざってしまうといわれている。だから上水に雑菌が混入するのは避けられないので、現地で食事をする以上、そこから病原菌が入ってしまうのだ。というわけで、僕は雨季のコルカタには近寄らないことにしている。

だからといって、インドの生水がすべて危険かというと、そういうわけでもない。僕は駅のプラットホームにある飲料水はよく飲んでいるが、これはぜんぜん問題ない。地元の人もよく飲んでいる。そういっても、ほとんどの人は信じてくれない。インドで生水を飲むなんて無謀だとか、飲んでも大丈夫なのはおまえだからだとか、世界中で水道の水を飲めるのは日本だけだとか信じている人が多いが、それは迷信である。インドであろうが他の国であろうが、飲める水とそうでない水があるというだけだ。

それはともかく、僕も初めてインドに行ったとき、もちろん下痢になった。とにかく頻繁にトイレに行かなくてはならないので、最初のうちはちり紙を使っていたが、何度も拭くうちにこすれて痛くなったので、インド式にしたがって水で手洗いするようになった。

これはすぐに慣れた。そして、この方法がかなり快適であることもわかった。当時はまだシャワートイレがなかった時代だが、今だったら水洗いすることの快適さは理解していただけるだろう。そればかりではない。僕はそれまでひどい便秘症で、そのために切れ痔を患っていたが、インドで下痢をしたせいで便秘が治り、水洗いを続けたせいで痔も治ってしまった。以来三〇年、二度と便秘に苦しむことはない。

下痢にかからない無敵の方法はない。どんなに気をつけていても、なるときはなる。しょうがない。問題はそのあとだ。時間がないと、たいしたことはないと自分に言い聞かせ、下痢止めを飲んで旅を続ける人が多いだろう。だが、基本的には、下痢になったときに下痢止めは飲まないほうがいいのだそうだ。医者がいうには、感染症の下痢で下痢止めを飲むと病原菌の排出を遅らせてしまうので、飲まないほうがいいという。とはいえ、そのまま放っておくと脱水症状になるので、水と電解質（スポーツ飲料水にも含まれる）を摂って安静にするしかない。

だが、これでも治らない激しい下痢がある。コレラとか腸チフスとかいった伝染病だ。なので、下痢になったらとにかく病院へ行くしかない。病院へ行くのは時間がかかるし、めんどくさいし、いやだなと思うかもしれない。下痢に慣れてくると、熱が出たり出なかったりといった症状を自己診断し、これは大丈夫とか、やばいから病院へ行こうとかある程度は見極めがつくが、基本的にはあなどることなく病院へ行くことを強くおすすめする。もちろん旅に出る前に旅行保険には必ず加入しておかなくてはならない（これ基本です）。

世界にはさまざまな病気がある。最近アフリカでエボラ出血熱が蔓延して、世界中が恐怖に怯えたことは記憶に新しい。今後もそういった病気の発生と伝染は続くだろう。恐ろしい伝染病として有名なペストは、日本ではあまり知られていないが、実は世界ではしょっちゅう発生し、何人もの人が亡くなっている。なんと毎年二〇〇〇～五〇〇〇人の発症者がいるそうだ。

僕もペストが発生すると世界中のニュースになると思っていたが、アフリカを旅していたとき、新聞の片隅に、ある国でペストが発生したと小さく報じられていた。だが、それで騒ぐ人は誰もいない。ごく小さな地域だけの発生なら誰も注意を払わない。騒がれるのは、それが拡大し、世界各国へ伝染する危険性が出てきたときなのだ。

旅行者がかかりやすい伝染病にマラリアがある。マラリアは感染しても発病するまでに二週間ほどかかる。帰国後、日本で発症し、病院へ行っても日本の医者がマラリアだとわからず、死んでしまうという不幸な例がたまにある。

実は、マラリアは治療さえちゃんとすれば今や必ずしも死ぬような病気ではない。僕の友人にもマラリアにかかった人は数人いるが多くが完治している。一人だけ日本で発症して死亡した人がいる。だから、むしろ日本で発症するほうが危険だともいえる。もし、感染地域の旅行後に高熱が出たら、町医者ではなく、こういった病気をきちんと診断できる病院へ行くべきだ。そうしないと本当に命に関わる。

そういう意味でいえば、現地のちゃんとした病院の医師はそのような病気に慣れているし、診断も正確で、治療薬もある。だから、あせって日本に帰るよりも、無理をせず、現地の病院で診てもらうべきだと僕は思っている。

マラリアには予防薬がある。医師にすすめられて飲む人もいると思うが、実は予防薬を飲んでもマラリアにはかかる。だが症状を軽くしたり、発症を遅らせることができる。一か月以内の旅行であれば予防薬の服用をWHOも勧めているが、それ以上の長期にわたる場合は、むしろ予防薬の副作用のほうが恐ろしい。失明する危険もある。

僕もアフリカで予防薬を二か月ほど飲み続けたが、身体に発疹が出るなどの副作用が出たので服用を止めた。アフリカにいたマラリアの専門家に聞くと、長期にわたる服用はかえって危険なので、マラリアを防ぐには、夜の蚊に刺されないようにするしかないという。忌避薬を塗り、蚊帳に入って寝る。これがマラリア予防には最も効果があるとのことだ。

僕はそれを守ったおかげでマラリアにはかからなかったが、野宿した友人たちは野外で蚊に刺されてマラリアにかかった。一回や二回マラリア蚊に刺されても、必ずマラリアにかかるわけではない。病原菌を持つ蚊に刺されるのは確率の問題なので、なるべく刺されないようにすることが感染確率を下げることになるのだ。

読者はツェツェバエというハエをご存知だろうか。「眠り病」を引き起こす恐ろしいハエとして有名だ。これに刺されたら絶対死ぬといわれているが、実はそうでもないらしい。作家の田中真知さんがアフリカのコンゴで、コンゴ河下りを行なったとき、このツェツェバエに何度も刺されたが、「実際には感染率はきわめて低く、相当刺されないかぎり、発病することはないらしい。仮に発病したとしても薬剤で完治するため、脅威はそれほどでもない」（「旅行人」二〇〇〇年一二月号「旅の病気」）と書いている。だが、これに刺されるとひどく痛いらしい。それに較べて、夜になると襲来する蚊の「とほうもない大軍」は、「蚊取り線香も虫除けスプレーもなにも効かない。ひたすらテントに籠もって夜が明けるのを待つしかない」そうで、むしろ、「ツェツェバエと蚊、どちらかといえばツェツェバエのほうがわかりあえる気がする」というほどだ。伝染は確率の問題だが、とほうもない大軍の前にはなすすべはない。くれぐれも夜の蚊には刺されないようにご注意を。

無条件に危険なのが狂犬病だ。狂犬病の犬（猫、猿、アライグマ、コウモリなども含まれる）に咬まれたり、ひっかかれたりして、それで発症したら死亡率一〇〇％。絶対に助からない。対策はもちろん咬まれないこと。咬まれたらただちにワクチンを打つ。それしか手はない。咬まれてから発症するまで潜伏期間が一〜三か月あるが、とにかく病院へ行くことだ。

HALFAN
halofantrine
SK&F
6
comprimés
tablets
250 mg
マラリア治療薬として買った。薬局に行くと何種類ものマラリア予防・治療薬が販売されている。
おっ！色が変った。飲める。
みずー！
水の試験薬を試験管に入れてじっと待つ。しばらくして色がピンクに変ったら、その水は飲める、と薬をくれたアルジェリア人医師が言った。
薬のバラ売りというのがあって、これも何か奇妙な存在だ。街には何軒も立派な薬局があるのに、何時間も炎天下の道を持ち歩いた薬を誰が買うのだろう。（コートジボアール）
PHARMACY
OPEN
1991-3
ACCRA

治安

治安について書くのはむずかしい。僕はあちこち旅してまわったが、一つの国でも地域によって違うし、都市でも場所によって異なる。そして、その地域や場所の治安状況は時とともに変わっていく。例えば、インドは恐いところなんでしょ？　といわれたことが幾度もある。インドを旅したことがある方は、ぜんぜんそんなことはないとおわかりだろうが、外国人女性のレイプ事件がよく新聞やニュースで報じられている。だからまったく安全というわけではない。パリやイスタンブールでもたまにテロで爆発が起きるし、アメリカではしょっちゅう銃の乱射事件が起きている。だから、世界中、まったく安全なところはほとんどないともいえる。

僕は治安が悪いといわれるような国には行かないが、ネットなどを見ると、治安が悪いところワーストランキング上位は圧倒的に中南米諸国だ。ほとんど行ったことがないので実状はわからないが、殺人事件の発生率を見ると、ワースト二〇都市のうち中南米が一七都市を占めている。トップはベネズエラのカラカスで、殺人事件発生率は日本の約三九〇倍。中南米以外では、九位に南アのケープタウン、一五位にアメリカのセントルイス、一九位にやはりアメリカのボルティモアが入っている。(Mexican institute of Security, Justice and Peace)

一九九〇年頃は、南アのヨハネスブルグの治安は最悪だった。駅からホテルへ向かう途中で多くの旅行者が強盗の被害に遭うので、日本大使館員がわざわざ駅の改札口に日本人旅行者を迎えに出て、すぐに他の都市へ向かうようにアドバイスしたという伝説が生まれたほどだ。確かに当時のヨハネスブルグは街を歩くのが恐かった。当時はケニアのナイロビも治安が悪く、昼間でも強盗に遭う危険があり、ひとけのない公園には近付かないように注意を受けた。今でも決して安全な都市とはいえない。

治安についてはガイドブックにも書いてあるので、行きたい国があったら、その治安の項を読み、ネットで外務省の海外安全情報をチェックするのが基本だ。ここでその外務省の海外安全情報の世界地図を見てみよう(二〇一七年一一月現在)。

黒くなっているのが、レベル4の退避勧告(退避してください。渡航は止めてください)。濃いグレーのところが、レベル3の渡航中止勧告（渡航は止めてください）。この下に、レベル2（不要不急の渡航は止めてください）、レベル1（十分注意してください）があるが、ここでは表示していない。

一見してわかるのが、アフリカにレベル4が多いことだ。中東のシリア、イラク、イエメン、アフガニスタンもほぼレベル4。ワーストランキング上位の中南米諸国は、コロンビア、エクアドルにレベル3があるぐらいで、他はほぼレベル2以下になっているが、都市レベルの危険度については、世界地図では表記できない。

この地図ではよくわからないが、現在のベネズエラは経済破綻して、国はめちゃめちゃな状態になっているといわれている。国民の八割が満足に食事ができず、外国人居住者はぞくぞくと国外へ退いている。

しかし、南アのケープタウン、ヨハネスブルグはレベル1（十分注意してください）になっており、最近のネットの記事を読んでも、以前よりもずいぶん治安がよくなっているらしい。内戦状態にあったコートジボアールもほとんどレベル1だが、ここも内戦終結後、落ち着きを取り戻して治安状態は以前よりかなり回復しているようだ。そういうわけで、外

〈海外安全情報〉

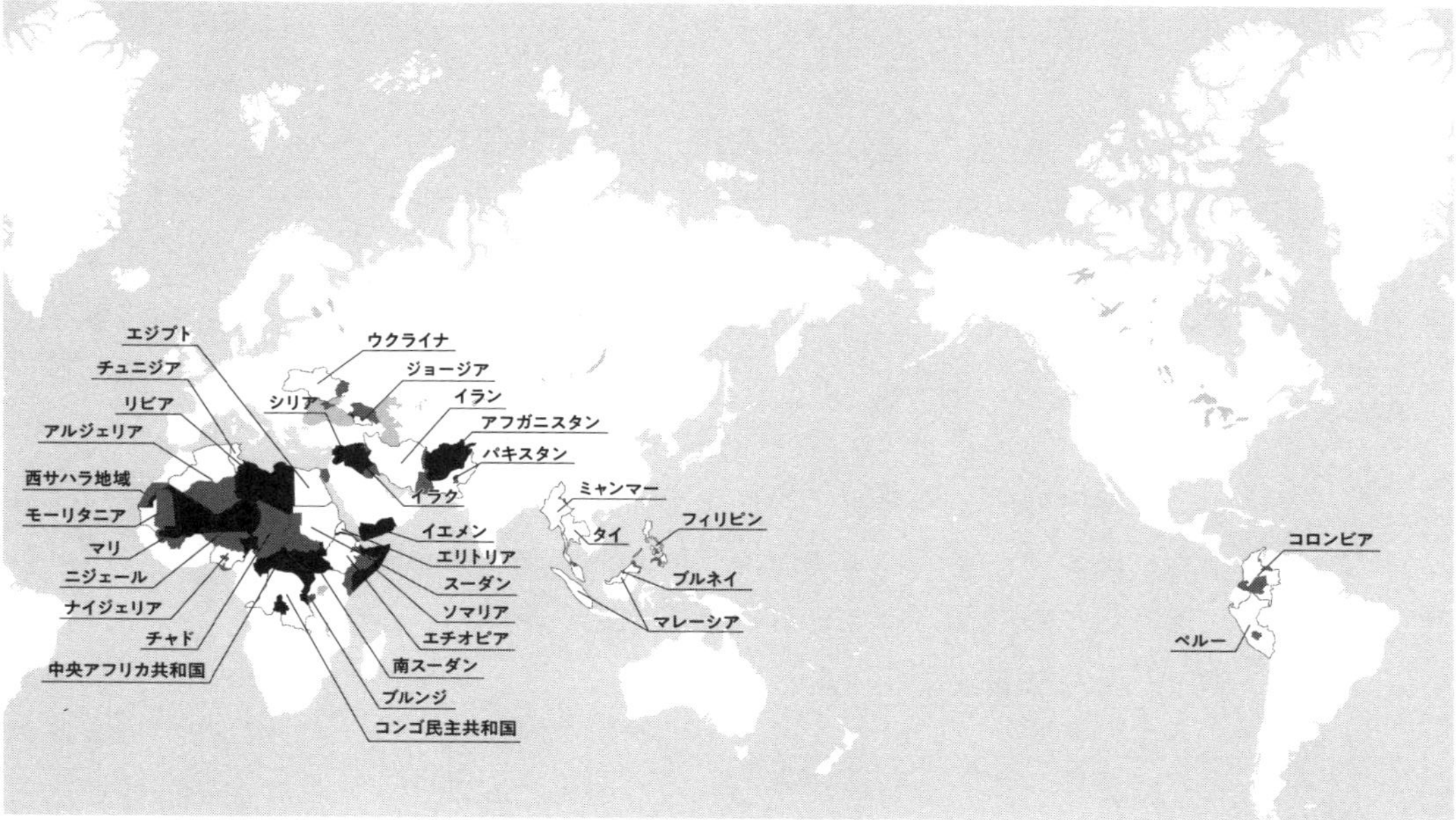
エジプト
チュニジア
リビア
アルジェリア
西サハラ地域
モーリタニア
マリ
ニジェール
ナイジェリア
チャド
中央アフリカ共和国
ウクライナ
ジョージア
シリア
イラン
アフガニスタン
パキスタン
イラク
イエメン
エリトリア
スーダン
ソマリア
エチオピア
南スーダン
ブルンジ
コンゴ民主共和国
ミャンマー
タイ
フィリピン
ブルネイ
マレーシア
コロンビア
ペルー

（外務省 HP より）

務省の安全情報はけっこう参考になるので、目的地が決まったら、まずここをチェックしたほうがいいだろう。

外務省のこの地図を見ると、ソマリアやリビアなど、国全体がほとんど黒く塗りつぶされているところは、常識的に考えて海外旅行にはまったく向かない。だが、他の国で一部はレベル3、4だが、他はレベル2以下というところもけっこうある。例えば、アジアではパキスタン、イラン、アフリカではエチオピア、アルジェリアといったところだ。

こういうところは旅をするのに安全だとはいえないが、旅ができる可能性がある。というか、僕は二〇一四年にイランをあちこち旅してまわったが、地図にあるようにパキスタン国境地帯をのぞけばまったく問題はなく、現在はレベル4に指定されているイラクの国境地帯にも行ってみたが、そこもぜんぜん大丈夫だった。現在のイランにはヨーロッパから多くの観光客がやってきていて、観光地は大にぎわいである。僕の感覚では、レベル2以下のところは、突然政変が起きたとか、伝染病が広がったなどといった突発的な事件がない限りほぼ普通に旅ができる。

もちろん時がたてば情勢はどんどん変わる。僕が旅した頃と、読者がこの本を読んでいる時ではすでに治安は変わっているかもしれない。だから、最新の情報をチェックする必要があるのはいうまでもないが、それでもなかなか本当の情勢はわからない。本当に旅できるのかできないのかは、そこまで行かないとわからないのだ。

さっきも書いたように、だからといってイラクやソマリアへ行くのは無謀だ。だが、一部はレベル3、4だが、それ以外のところがレベル2以下の場合、少なくともレベル2以下のところへ行ける可能性は高い。そこまで行って、本当にレベル3のところは行けないのかを現地で探ることができるし、そうしないと本当のことはわからない。

旅の実感として書くが、だいたい見知らぬ国へ入るのはちょっと不安があるものだ。国境がほぼフリーでいつ入国したのかよくわからないようなヨーロッパの国は別として、初めての国は緊張する。僕だってそれは同じだ。

例えばアジアを陸路で旅するような場合、インドからパキスタン、イラン、トルコへ進むルートがある。インドからパキスタンへ向かう場合、まずパキスタンのビザを取得できるかが第一関門。ビザが取れれば、旅行者が訪れてもいいとパキスタン政府は考えているということだ。

次に、ビザを持って国境へ行く。この頃からだんだんとパキスタンの雰囲気が伝わってくる。ごく平穏な雰囲気で国境業務が執り行なわれていれば大丈夫だし、緊迫感があれば用心する必要がある。国境を普通の住民たちが行き来しているようなら大丈夫だと思えてくるし、そこにわれわれと同じような外国人旅行者がいれば、さらに安心感が増す。国境の雰囲気はそこまで行かないとわからない。

また、ビザ不要の国の場合は、国境が開いているかどうかは、そこまで行ってみないとわからないこともある。いずれにしても、インドなどはビザ制度がしょっちゅう変わるので、航空券を買う前に現在ビザがどうなっているかを確認するのは鉄則だ。

いったん次の国に入ったら、次はその国のどこへ行けるかだ。レベル1、2なら問題ないが、レベル3以上のところは本当に行けないのか。もちろん行かない方が身のためだ。無謀な冒険心を起こすのは危険である。だが、その地帯を横切らないと目的地に行けないという場合もある。

そこを横切れるかどうかは、たいていの場合バスやタクシーの運転手やターミナルの人々が知っている。彼らだって自分に危険が及ぶようなところには行かないからだ。彼らが大丈夫だよ、そのバスに乗っていけというならほぼ問題はない。その際、注意しなければならないのは、インチキなタクシー運転手にひっかからないことだ（目的地ではなく、別の関係ないところへ連れていかれることがある）。そのルートを運行している公共バスがあれば問題ない。

僕がイランでイラク国境地帯へ行ったのは、何人かのタクシー運転手が、あのへんは今は問題ない、俺の車で行こうといったからだ。もしそこが緊迫した情勢なら、軍が警備し、検問を設けて、普通の車は通さない。そういうことはまったくなかった。いちばん大変だったのは、タクシー運賃の交渉だった。

もしツーリストインフォメーションがあれば、そこで相談するのがベストだ。彼らが大丈夫といえばまず問題ないと考えていい。僕もよく相談するが、問題は都合よくツーリストインフォメーションがあるとは限らないことだ。

もちろん、そこまでしてそんな危険地帯に行く必要があるのかという意見もあるだろう。もっともである。どうしても行きたい、そここそが自分の目指すところだと考える人がいれば、旅する可能性がないわけではないということだ。基本的には危険なところには行かないほうがよい。僕も行きません。

危険ではないといわれているところでも、盗難に遭うことはもちろんある。僕もこれまでカメラを三台、レンズを二本、ラジカセを一台、財布を一個、パンツを一枚、その他さまざまなものを盗まれた。

こういってはなんだが、そんなものを盗まれたところでたいしたことはない。盗まれて問題なのはパスポートと現金、あるいはクレジットカードぐらいのもので、僕はこれだけは絶対盗まれないように肌身離さず持ち歩いているが、その他のものはなくなってもたいして気にしないことにしている。保険に入っておけば、また新しいカメラを買うことができるし、撮影済みのデータがなくなっても、自分の旅そのものがなくなってしまうわけではない。もしパスポートや現金が盗まれても、最終的には命さえ残っていればなんとかなる、といいたいところだが、それは僕にも経験がない。日本の在外大使館や領事館があればとりあえず助けてもらえると思うが、ない国ではパスポートや現金を盗まれるとかなりしんどいことだろう。なので、くれぐれもパスポートと現金だけは盗まれないようにしよう。

国境

(1) いいかげんな国境管理

日本には陸続きの国境がない。だから、海外旅行で陸路の旅をして、初めて国境線を越えるのはちょっとした緊張感やワクワク感がある。その国境の話を少し。

旅をする前は、国境とはかなり厳密なもので、きちんとした管理がされているものだと思っていた。だが、案外いいかげんな国境も世界にはあった。

例えば、西アフリカのブルキナファソからマリへ入ろうとしていたときのことだ。国境でマリのイミグレーションに行ったら、パスポートに押してあるビザをチェックせず、入国スタンプを押してくれないので困ったことがある。「ここは今停電で業務ができないから、別の事務所に行け」というのだ。停電と入国スタンプにどういう関係があるのだろうか。当時はコンピューターを使ってはいなかった。

聞けば、ブルキナファソ人はマリに入国するのにパスポートもビザもいらないらしい。

入国スタンプが必要なのは外国人旅行者だけなので、役人がめんどくさがっているのだ。事務所をたらいまわしにされたあげく、結局入国スタンプがないまま入国してしまった。出国するときそれが問題にされることはなかったので文句はないが、ずいぶんいいかげんな出入国管理があったものだ。もちろんこれは一九九〇年頃のことで、現在はそんないいかげんなことはないだろう。

『天下太平洋物語』（旅行人刊、『南の島でえっへっへ　太平洋ひとり旅』と改題し、二〇一二年に廣済堂文庫）の著者おがわかずよしさんは太平洋の島国ばかり旅した人だが、彼の話によれば、ある島国の役人はいいかげんというよりのんびりしすぎていて、入国スタンプを押してくれたのが、出国スタンプを押すのと同時だったという。外国人などほとんど来ないところだからそれでぜんぜん問題ないのだそうだ。それはそうかもしれない。

思わぬところで国境線に接して驚いたこともある。スペイン南部の街アルヘシラスを歩いていたら、突然目の前にイギリス領が現れたのだ。スペインにあるイギリスの自治植民地だという。ジブラルタル海峡をにらむ戦略的な拠点としてイギリスが現在も占拠し続けている場所だ。

もちろん僕は喜んで入国することにした。これが初めてのイギリス入国だ。希望すれば入国スタンプを押してくれる。入国の日付と「ようこそジブラルタルへ」という文字だけの入国スタンプを役人が苦笑いしながら押してくれた。

ジブラルタルは面積が約六・五平方キロ、人口が約三万人という小さな領土だが、英領だから当時はスターリングポンドが使用でき（スペインペセタも使用できた）、郵便局でエアメールを出す際には女王の肖像画切手が使用され、もちろん看板や標識は英語表記になった。車は左側通行で、スペインよりかなり穏やかな走り方をしていた。このささやかながら重要な土地をめぐって、イギリスとスペインは過去いくたびか戦火を交え、現在もなお係争中である。

このジブラルタルから海峡を越えたところにあるモロッコで、ジブラルタルと同じような問題をスペインは二つも抱えている。セウタとメリリャだ。モロッコ領内のスペイン領土になっていて、こちらはモロッコから返還を要求されている。スペインの立場も複雑だ。

⑵未確定国境

いいかげんな国境管理どころか、国境そのものが確定していないところが世界各地にある。地図を見ると、はっきりと国境線が描かれているように見えるところも、実際には意外にはっきりしていない場所がある。例えば、タイとカンボジアの国境もその一つだ。二〇〇八年にカンボジアがプレアビヒア寺院遺跡を世界遺産に登録しようとして、それにタイが反撥し、両国軍が国境地帯で銃撃戦になって死傷者が出ている。タイもカンボジアも今は平和な国に見えるが、それでも国境線をめぐる紛争が起きている。

現在、凄惨な紛争状態にあるサウジアラビアとイエメンの国境も、つい最近までほとんどが未確定国境だった。

イエメンの南部国境地帯には、「空白地帯」と呼ばれる、砂ばかりで何もない不毛の地がある。前にも書いたニューヨークへ移民しているイエメン人も、多くはこの空白地帯ハドラマウト地方の出身者ハドラミーだという。他国へ移民しなければならないほど、この地域には産業がないのだ。石油でも出れば話は別だが、これほど何もないとどうでもいいのかもしれないと思ったが、サハラ砂漠でさえ国境線があるのにここがないのもおかしいといえばおかしい。

国境線事情に詳しい「世界飛び地領土研究会」によれば、これまでサウジアラビアが国境線の画定に消極的だったためだという。砂漠の住民はわずかな草を求めて年中移動を続けている遊牧民なので、こういう場所で土地を押さえても、住民は年中入れ替わってしまうから支配できないし、国境の画定はむしろ遊牧民の反撥を招きかねないからではないかとのことだ。ここの国境が画定されたのは、湾岸戦争後の二〇〇〇年とつい最近のことである。

インドにも未確定国境がいくつかある。そのうちの一つが、北東部にあるアルナーチャル・プラデーシュ州だ。中国と領土を争っているが、インドが実効支配している。旅行人で、ここを含む地域のガイドブックを制作したことがある。未確定国境なので、インドでも中国でもない国境線を引き「インド実効支配」と表記した。

のちにその英語バージョンを友人が制作し、インドで発売したことがある。そうしたら、なんとインド当局からその部分の地図に「これは正しい地図ではない」と書いた巨大なスタンプを何個も押されてしまった。

微妙なところなので、以前は旅行者の立ち入りは許されていなかったが、今ではパーミッションを取れば旅行できるようになっている。

(3)禁断の入国スタンプ

うっかり入国スタンプを押されると、他の国に入れなくなるという入国スタンプがある。旅行者のあいだでいちばん有名なのが、イスラエルだ。ここの入国スタンプがあると、シリア、レバノン、イラク、イエメン、スーダン、クウェート、リビア、サウジアラビアな

どのイスラーム諸国に入国を拒否される。だから、イスラエルに入国するときは、パスポートに直に押すのではなく別紙に押してもらい、それを帯同するのが鉄則だ。

以前は南アのスタンプがあるとスーダンやエチオピアには入国できないといわれていたが、アパルトヘイト（人種隔離政策）がなくなってそれはなくなった。

最近では、アルメニアの入国スタンプがあると、アゼルバイジャンには入れない。この両国はナゴルノ・カラバフをめぐって険悪な仲で、アゼルバイジャンはナゴルノ・カラバフをアルメニアが不当に占拠しているということで、アルメニア経由の旅行者の入国を認めないのだそうだ。アルメニアのほうは、アゼルバイジャンの入国スタンプがあっても受け入れるので、旅行者はアゼルバイジャンを旅した後にアルメニアに行くようにしている。

旧ユーゴスラビア諸国にも同じような問題スタンプがある。コソヴォの入国スタンプがあると、セルビア入国で問題が起きるといわれている。

コソヴォは二〇〇八年にセルビアから独立したが、セルビアはこれを認めていない（日本を含む一一一か国の承認を受けている）。だから、セルビア領土であるコソヴォに勝手に入国した旅行者は認めないという態度であるらしい。

ただ近隣国からコソヴォに入り、そこからセルビアに直接入るのがダメということのようだ。僕はアルバニアからコソヴォに入り、入国スタンプを押されて、またアルバニアに戻り、アルバニアからマケドニアを通ってセルビアに入った。イミグレーションに何かいわれるのではないかとはらはらしたが、何も問題はなくスムーズにセルビア入国が許された。

第八章

旅の成功と失敗

旅の価値

旅に成功とか失敗があるのだろうか。

例えば、旅行中に事故に遭ってひどいケガをしたり、死んだりすれば、旅は失敗だったということになるかもしれない。あるいは強盗に襲われたり、ものを盗まれたりすることも失敗のうちに入るだろうか。

それでは、旅が成功するというのはどういうことだろう。無事に目的地に行き、見たいものが見られ、食べたいものが食べられたりすると成功したということになるのか。

命をかけた本格的な冒険、例えば登山や極地の制覇、あるいは太平洋をヨットで渡ることなどは成功と失敗がわかりやすい。頂上に立って無事に帰還できなければ失敗、太平洋を渡りきれば成功だ。しかし、旅行者の旅に成功と失敗があるのだろうか。

まず、文句なくまずいのは死ぬことだ。これは旅だろうが冒険だろうがアウト。死んだらそれまでよ、人生が終わってしまう。あるいは、昔のバックパッカーがやっていたことだが、入っちゃいけない国境をこっそり越えて、警備員に捕まって刑務所に入れられること。ドラッグの密輸ややりすぎで逮捕されること。これもアウトだ。

しかし、こんなことは普通の人はやらないので論外と認定する。

昔聞いた言葉でこういうのがある。

「目的がある旅など旅ではない。それは用事だ」

僕は必ずしもこれに賛同しないが、旅に目的がなくてもいいのではないかとは思っている。前に書いた、ただふらふらしたかったからと一人でアフリカを旅した日本人女性がいたが、さすがに彼女の場合は極端にしても、長く旅している旅行者の多くには、これといった確とした目的などないように見える。ただ、海外を旅してみたい、外国を見てみたいからといった人が多かった。

僕も旅にとりたてて目的があるわけではない。最近はインドの田舎に壁画を見にいくという目的もないわけではないが、前にも書いたように、壁画が見つからなければ見つからないでかまわないのだ。インドの田舎を旅する一種の理由であるにすぎない。

僕が旅を始めた頃は、長い旅行をしていますというと、「それに何の意味があるんですか？」とよく聞かれたものだ。長い旅に意味も目的もなく、ただ旅するのが好きだからとしか答えようがないのだが、それではなかなか納得してもらえず変人扱いされた。

旅に目的がなければ、達成すべきはただ無事に旅をするだけであり、旅ができさえすれば成功ということになる。ついでに凱旋門を見たり、インドの田舎の壁画を見るだけであって、どうしても見なくちゃならないってわけじゃない。

僕はもちろんインド以外の国へも旅をする。初めての国や地域へ行く場合は、ただそこへ行って景色を見てみたい、人々の生活を眺めてみたい、どんなところなのかそこの空気を吸ってみたいというような極めて素朴な目的しかない（素朴な目的だろうが目的があるじゃないかといわれればその通りだが、旅に出て景色も見ない、生活も見ない、空気も吸わないのは不可能だ）。

例えば、初めて行ったアルバニアなどはその典型だ。アルバニアというのはちょっと奇妙な国で、以前は社会主義のほぼ独裁国家だった。長いあいだ鎖国政策をとり、なかなか旅行者が立ち入ることなどできなかった。もちろん有名な観光地などほとんどない。そんな謎の国へ行って、いったいどういうところなのか見てみたい！　と素朴に思うのだ。

アルバニアは「ヨーロッパの最貧国」といわれているが、行ってみてわかったことは、ヨーロッパの最貧国というのはこのレベルかということだ。アジアやアフリカの最貧国と較べるとずっと豊かで、人々はのんびりと暮らし、老人たちは昼間からカフェで酒を飲んでいた。「最貧国」というレッテルだけではわからない。

初めて行った中国もそうだ。それまで中国といえば、共産主義国で貧富の差がなく、人々は共産主義の理想を掲げて生活しているというイメージがあった。今だとそんなバカな話があるかと笑う人も多いだろうが、三〇年前の日本では中国の一般の生活はほとんど報道されておらず、人々がどのように暮らしているのか、知っている人はほとんどいなかった。

それで行ってみてひっくり返った。ぜんぜんイメージと違う。誰が共産主義には貧富の差がないなどといったのだ？　貧乏人だらけで、街はインドより汚いじゃないか！　それに、当たり前といえば当たり前なのだが、人々は共産主義の理想に燃えるというより、共産主義だからできるだけ仕事なんかしたくないもんねという態度だった。

初めてアフリカへ行ったとき、僕は北部のアルジェリアから南下してニジェールへ入った。そこからさらに南下してブルキナファソに行く予定だったが、フランス製のミシュランの地図を拡げると首都が「Ouagadougou」と書いてある。いったいこれはどう読むのか。僕はそのとき、ブルキナファソのことはおろかその首都名さえ知らなかったのだ。

どう読むかもわからない首都に入ると、そこは日本の田舎町のようなところだった。「ワガドゥグ」と読むことも初めて知った。

それまで僕はアフリカ人というのは明るくてダンスが大好きというイメージを抱いていた。アフリカに来れば、あちこちで音楽が鳴り響いているのではないかと期待していた。それが来てみると、ぜんぜん違う。ニジェール人もブルキナファソ人も、特に目立つほど明るいというわけではないし、音楽もほとんど聞こえてこない。街でダンスをしている人もいない。

今考えれば、なんでアフリカ人だからって街中でダンスをしてなきゃいけないんだ、おかしいんじゃないのか？　と自分で突っ込むようなことだが、ぜんぜんイメージと違うんだなあと感じたことを覚えている。

それから西アフリカをあちこち旅し、最後にトーゴとベナンという国に行った。これもアフリカに来るまで知らなかった国だった。トーゴの首都はロメという名前で、エヤデマという独裁大統領がいて（当時）、ベナンの首都はコトヌーというが、憲法上の首都はポルトノボだとかで、首都が二つもあった。いちいち知らないことばかりだ。なにより驚いたのは、そこに日本人がいたことだった。ロメでは日本の大手食品メーカーの駐在員が住んでいて、営業しているという。もっとも、こちらより驚いたのは向こうのほうで、思わぬところでわれわれ日本人旅行者を見つけて声をかけてきて「こんなところに何しに来たんですか？」といわれた。コトヌーにも日本人女性がいて、この人はベナン人と結婚してコトヌーで暮らしていた。

特にこれといった目的がなくても、旅をすると驚くようなことが次から次に起こる。世界は自分がイメージしているようなところではないのだ。

世界のイメージと真実

というわけで、世界にはいろいろな誤解やイメージの違いがある。世間で漠然と流布されるイメージがそのまま頭にインプットされるからだと思うが、ある意味でそれがあるから旅はおもしろいといえる。

例えば最も有名なものでは、「世界三大がっかり名所」といわれるところだろう。諸説あるが、代表的なのはシンガポールのマーライオン、デンマークの人魚姫の像、ベルギーの小便小僧だ。僕はこのうちマーライオンしか見たことがない。確かになぜこれがそれほど有名なのか理解しづらい。シンガポールのランドマークとして作られたという割には、よほど注意しないと見逃してしまうほど小さくて地味なただの噴水口だ。あまりに残念だったことで逆に有名になったのかもしれない。

しかし、この屈辱を晴らしたかったのか、二〇一〇年、セントーサ島に高さ三七メートルの巨大マーライオンが建造された。これも僕は見にいったが、中に入ることができて、元祖より立派になっている。だが、これだと普通すぎて話題にならない。

世界で最も有名な滝の一つ、ナイアガラにも行ったことがある。初めての海外旅行で、アメリカといえばナイアガラだよな、ということで行ってみたのだ。

意外なことに、最も眺めがいいのはカナダ側だという。このときまで僕はナイアガラがカナダ側にもあることさえ知らなかった。それでバスに乗ってカナダに入国したのだが、車窓からちらっと小さな滝が見えただけで、ナイアガラの姿が見えてこない。一時間ほど走ったところで、運転手にナイアガラはまだですかと聞くと、運転手は「ロング、ロング、アゴー」という。どうやら最初に見たあの小さな滝がナイアガラだったらしい。がっかり。

ナイアガラが小さくてがっかりだったというと反論する人も多いだろう。この話をするたびに、そんなことはないですよ、滝の近くまで行けばかなりの大きさであることがわかりますとよくいわれたが、たとえそれが事実だとしても、大瀑布だと思っていた僕には最後までそれほど大きな滝には見えなかった。観光写真のほうがよほど巨大に見える。これまで行ったことがある有名な観光地で最もがっかりしたのはここかもしれない。

数年前に行ったオーストラリアでも、かなりイメージの違うことに遭遇した。オーストラリアといえばカンガルーだ。確かにカンガルーがうじゃうじゃいる。イメージ通りだ。さらに、オーストラリアでは野生の動物が大切に保護され、カンガルーがのびのびと暮らす自然の王国というイメージもあった。

だが、行ってみると、彼らは意外にきびしい環境で生きていることが判明した。レンタカーを借りてオーストラリアの道路を走ると、車にひき殺されたカンガルーの死体が累々と転がっていたのだ。オーストラリアの広大な大地を走る長い道路に、延々とどこまでもどこまでも横たわるカンガルーの死体。そういえば一昔前、日本の四輪駆動車のフロントバンパーにカンガルー・バーを装着するのが流行ったが、あれは本来オーストラリアで役立つものだったのだ。トラックはみんな付けている。あれでカンガルーをどかんどかん跳ね飛ばしながら走っているわけだ。レンタカーを借りるとき、係の人にこういわれた。

「もし目の前にカンガルーが飛び出してきたら、ハンドルを切って避けてはいけません」

「どうしてですか?」

「急ハンドルを切って横転したら非常に危険です。しかも保険がききません。そのまままっすぐ突き進んでカンガルーとぶつかりなさい。いいですか?　絶対にハンドルを切らないように」

ぜんぜん動物愛護じゃない！　数が多いからしょうがないのだろうけど。一定の数のカンガルーは捕獲されて処分され、食肉にもされているそうだ。僕はおみやげにカンガルー革の小銭入れを購入した。

今度は逆に、マイナスイメージのところへ行って、逆によかったパターン。実はそのほうが多い。

このパターンの筆頭はやはりインドだ。しかしこれが一筋縄ではいかない。インドって汚くて病気が流行ってて嘘つきばっかりなんだって？　などといわれておっかなびっくり初めて行ってみると、ほんとに汚くて病気が流行ってて嘘つきばっかりでげんなりした。ほんとにいわれた通りじゃないか、インドは。二度とこんなところに来るかと思ったものだ。つまり、まったく世間のイメージ通りだったわけだが、よくもまあ日本とこんなに違う世界があるものだと感じたのがもう一度インドへ向かう原因だった。

何度もインドへ通ううちにわかったことは、汚いのはインドの大都市だということだ。インドの大都市はおおむねイギリス植民地時代に設計されたもので、今でもそれが元になっている。ところがそれから人口が数十倍に増え、設備はぜんぜん追いつかず、周辺にはスラムがどしどし建っていったので不潔になった。

それとは逆に、田舎の農村へ行くと、家々はきれいに掃き清められて村にもゴミ一つ落ちていない。実に清潔で美しい風景が広がっている。

嘘つきが多いのも、北インドの外国人観光客が訪れる有名な観光地だけである。それを一歩はずれるだけで、そうじゃない普通の人々が暮らしている。これは田舎の村だけじゃなくて都市でもそうだ。当然のことだが、観光客があまりやってこない都市で、観光客を騙そうとする人はいないのだ。インド全体では圧倒的にそっちのほうが多いのだが、外国人観光客や旅行者はそういうところには行かず、悪いインド人が手ぐすね引いているようなところにしか行かないので悪印象ばかりが残る残念な結果になってしまうのである。

ずいぶん前の話だが、僕はラージャスターン州のある有名な観光地を車で訪れたことがある。砂漠で有名なその場所で、観光客である僕におおぜいの子どもたちが群がってきた。一ルピー、一ルピーといいながら僕のそばからずっと離れない。一人に金を与えると、次々に無心されるのはわかりきったことなので、絶対に子どもに金をやるなと運転手にいわれていた。これはかなりきつい観光である。

ようやくそこを離れて、数キロ行ったところに別の村があった。そこは見どころも何もなく、たんに水の補給に立ち寄っただけである。そこでも子どもたちが僕らを見つけて近寄ってきた。だが、金を無心したりはせず、こちらを物珍しそうに眺めるだけだ。ちょっと恐がっているふうでもある。僕が彼らの写真を撮ろうとカメラを向けると、子どもたちは途端に蜘蛛の子を散らすように逃げていった。カメラが恐いのだ。たった数キロ離れているだけなのに、観光客が来ないところでは子どもたちの反応がこれほど違うのかと、僕のほうが驚いた。観光客とはかくも罪深いものなのか。

ちかごろ最もイメージのギャップを感じるところはイランだ。イランへ行くというと、多くの人は何故あんな危険なところへ行くんだ、戦争しているところじゃないか、テロが起きてるじゃないかという。ぜんぜん違う。もしかしてイラクとまちがえてない？　イランとイラクは一文字しか違わないがまったく別の国だ。イランはイラクと戦争をしていたが、それは三〇年近くも前のことで、今は平和だ。テロも起きてないし、一部の地域を除いて治安もかなりいい。旅行者のあいだでは親切な国としてつとに知られている。

（と書いたら、二〇一七年六月、イランの首都テヘランで同時多発テロ事件が起きた。イランは治安のいいことでよく知られていたのだが、残念ながらイランでさえもテロの危険性があるのを覚悟しなければならなくなった）

たぶん中東のあのあたりはどこも危ないにちがいないというイメージが漠然とあるのだろう。僕だって行くまではシリア、ヨルダン、イラクの位置関係がよくわからなかった。

よその国から見てイランのイメージといえば、厳格なイスラーム主義だろう。女性はすべてスカーフのようなヘジャブを頭に被らなくてはならない。これはイスラームの国なら普通のことで何もイランに限らないが、確かに息苦しいイメージがある。

他の国にもあるように、イランにも政治的な権力争いがつねにある。改革派対保守派という図式だが、イスラーム革命の頃は断然保守派が強かった。だが、今は改革派のほうが国民に支持されていて、そのような情勢のときはとにかく頭に何か被っていればいいからという程度で許される。だから、テヘランのような都会では頭の後ろにちょこっとスカーフがのっかっているだけという若い女性も多い。もちろん全身を覆う黒いチャドルを着用している女性もいるが、それは強要されているのではなく、個人の信仰心の問題だ。

サウジアラビアのような他のイスラーム国に較べると、むしろイランは女性の社会進出が盛んだ。例えば大学進学率は男性より女性のほうが高い。これだけなら日本より進んでいるといえる。多くの女性がオフィスで働いていて、英語を話すのも女性のほうが多い。なので、イランで道を聞く場合、頼りになるのは男より若い女性だ。しかも、なるべく美人に聞くほうが正しい場所を英語で答えてもらえる確率が高いというのが僕の偏見だ。

これももう三〇年近く前になるが、僕はトルコからシリアへ向かおうとしていた。トルコの南にシリアがあり、シリアの南にヨルダンがあり、その西隣りにイスラエルがあることを地図を見てようやく認識したばかりだった。

いったいシリアってどういう国なの？　ぜんぜん知識がなく、イメージさえ浮かばない。まったくイメージが浮かばないというのもまた不安なものだ。シリアから来た旅行者の話を聞くと、親切だったという人もいれば、ひどい目に遭ったという人もいてあまり参考にならない。

しかし、シリアを旅した旅行者に話が聞けたということは、旅はできるということだ。どういう目に遭うかは運次第だろう。とにかくルビコンを渡れ！　というわけで、シリアに入ってみると、人は親切だし、物価は安いし、食べ物はうまいし、実にいいところだった。首都のダマスカスで旅の疲れが出て寝込んでいたら、一人で食事に行った妻がニンニクを持ち帰ってきた。食堂の人に、夫はどうしたと聞かれ、疲れて寝てるというと、それならこれを持っていけと渡されたそうだ。シリアで出会った人々はこんな人ばかりだった。

このような親切体験で最も驚いたのは、やはりイスラームの国アルジェリアだ。アルジェリアといえば少し前までテロが頻発していて、旅行には最も危険な国の一つといわれていた。僕が旅行した一九九〇年は平和で楽しく旅ができた時代だったが、あまり外国人旅行者の多い国ではなかった。

首都のアルジェに入って、僕は手持ちの米ドルを現地通貨に両替しなければならなかった。当時のアルジェリアでは闇両替が盛んに行なわれていたので、僕は手近にあった商店で両替できるか尋ねてみた。

すると店の男は「なぜディナールが必要なんだ?」と聞く。どうしてそんな質問をするのか。

「なぜって、ディナールがないと旅行できないからです」

僕がそう答えると、男は、ちょっと待ってろといい、しばらくしてディナールの札束を持ってきて僕に差し出し、持っていけという。

「いや、両替したいだけなんです。米ドルはありますから」

僕はそういってドル札を差し出すのだが、男は頑として受け取らない。

「これはアッラーからの贈り物だ。君が米ドルを持っていても、それはしまっておけばいい。アッラーからの贈り物を持っていきなさい」

男は断固とした口調でそういって僕の金を受け取るのを拒否するのだった。

渡された札束を数えてみると一〇〇〇ディナールあった。当時のアルジェリア人の平均月収の半分に当たるほどの大金だ。これは受け取れないと断ったものの、男は持っていけの一点張り。結局僕は何度も御礼をいって一〇〇〇ディナールをいただき、その一部でベトナム料理を食べ、サハラ越えのためのジャケットを買った。

イスラームの国々を旅する旅行者からはよく聞く話だが、地元の人にお茶や食事をおごられるのはまったく珍しいことではない。だから、この話も極めて特別なことではないと僕は思う。実はこのようなイメージのギャップは中東だけではなく、僕が行ったほぼすべての国にあったといっても過言ではない。

例えば先述のアフリカだ。

アフリカだと一言いっただけで、違うんだといいたくなる。何故ならアフリカという一つのイメージで捉えられるものはほとんど何もないからだ。僕はアフリカには黒人が住んでいると思っていた。当然ですね。きっと読者もそう思っているでしょう。

日本のような遠くから見るとアフリカ人はただの黒人にしか見えないが、アフリカまで行って近くで彼らの顔をまじまじと見ると、一概に肌の色がただ黒いとはいえなくなってくる。真っ黒な人もいれば浅黒い人もいる。アフリカ人たちはその違いを当然意識していて、例えば西アフリカのセネガル、モーリタニアなどに住むウォロフは他の民族から「彼らは消し炭のように黒い」と呼ばれている。ウォロフがいちばん黒いという意味だろう。

一方、エチオピアに住んでいるオロモ、アムハラといった人々はアラブ系の血も受け継いでいて、肌の色は褐色といったほうがいい。日本人にもよく知られているエチオピアのマラソンランナー、アベベさんは真っ黒な肌じゃなかった。

またアフリカ南部に住むカポイド（コイ、サン）は肌の色は黄褐色でぜんぜん黒くない。南アにいたってはヨーロッパやアジアからの移民が数多く住んでいる。そもそもサハラから北はアラブ人の国々だ。だからアフリカ全体では色とりどりの肌の色としかいいようがないのである。

アフリカから帰ってくると、アフリカは貧しいから、みんなで古い自転車や服を送ろうという話が日本で起こっていた。善意の行動だ。だが、そういった自転車や古着をアフリカのどこに送るのだろうか？

もしこれが逆の話だったらどうだろう。アジアで飢餓が起こっているので、アフリカからアジアへ食料を送る。それが日本に着いたら、アフリカ人はいい人みたいだけどぜんぜんわかってないのねと日本人は思うだろう。それと同じことだ。アフリカは日本の約八〇倍の広さがある。中国、東南アジア、インド、中東までひっくるめたアジア全体の面積の約七割の面積である。ソマリアで飢餓が起こっても南アは関係ないし、コートジボアールで紛争が起こってもケニアは平和なのだ。

アフリカ南部にボツワナという国がある。あまり日本人には知られていない国だが、二〇〇二年、格付け会社であるムーディーズが、日本の国債ランクをボツワナより格下に引き下げた。そのとき、この聞き慣れない国がにわかに注目を浴び、時の経産大臣が「人口の約半分がエイズのボツワナより下なのはけしからん」と発言した（のちに撤回）。

僕はそのしばらくあとにボツワナへ行った。ボツワナが外国人観光客の誘致に力を入れ、政府観光局が招待してくれたのだ。政府の招待なので、もちろん飛行機もホテルも最高級だが、それではつまらないので、他の報道陣に先んじて僕だけ首都のハボロネに入った。

ハボロネは錆びたトタン屋根の粗末な家が軒を連ねるような貧しい街だった。安宿に泊まったが、設備は安宿そのものなのに料金はひどく高い。市場をのぞいてみたが、他の貧しいアフリカの国と大差ない。物価だけが異様に高いのは、ボツワナの通貨であるプーラが外貨に対して強いからだ。これだけ見ると、確かに日本より格上というのはおかしいと思う。ところが、中心部へ行くとガラス張りの瀟洒《しょうしゃ》なビルがいくつも建っている。いったいどこにこんなビルを建てる金があるのか。

答えはダイヤモンドだった。ボツワナは世界有数のダイヤモンドの産地なのだ。だから国は潤沢な資金を持っている。日本のような膨大な借金もない。だから国債の格付けが日本より格上でも不思議はないし、プーラが外貨に対して強いのもそれが理由だ。エイズ患者が多いのは事実だが、日本の経産大臣でさえ感情的な発言をするほど、日本人はアフリカに暗いことを証明してしまったというわけだ。

取材なので僕はボツワナの大臣にインタビューすることができた。日本の経産大臣がこのような発言をしていますが、どう思いますかと尋ねたところ、「日本よりわが国の国力が上だとはぜんぜん考えていません」といって笑った。大人の態度である。

もっとも近年、アフリカは有望な市場とみなされ、日本企業も数多く進出するようになっている。中国などの企業と熾烈な競争が始まっているから、こんな素朴なアフリカ観もすでに過去のものとなっているだろう。

あれもこれも自分自身でアフリカに行かなければわからないことだった。自分で旅をしてみると、ケニアがどこにあり、ジンバブエがどこにあるかわかるようになる。不思議なもので、それがわかるだけでも世界の見え方が違ってくる。マラウイなんて知らないけどアフリカのどこかでしょ？　という世界観とはぜんぜん違う見え方になるのだ。

旅先で人々の姿を間近で見、言葉を交わして、ようやく理解できることが確かにある。自分の持っていたイメージとぜんぜん違う。それが驚きであり、個人的な「発見」であり、世界の真実を知った気分になる。それが旅のおもしろさだ。

あとがき

旅をする状況は刻々と変わる。僕がここに書いたことも、すでに変わっているかもしれない。イランは平和ですと書いた次の日に、テロが起きたりデモが起こったりしているし、ネットもますます進歩して、ネットを使わないと旅ができなくなる可能性だってある。

例えば、急速に進歩する中国では、津々浦々まで電子決済がいきわたり、現金を使う市民がめっきり少なくなった。その余波は日本まで及び、中国人観光客用の電子決済ができる日本の店まで現れている。それなのに、中国では外国人がこの電子決済を利用できない。と書いていたら、日本の銀行が中国で電子決済できるクレジットカードを発行し始めたというニュースが出た。こうやって、さまざまなことが毎日のように変わっている。

だからといって、こういうことにふりまわされると、旅に出る気分がトーンダウンする。よほどのところじゃない限り、テロだって毎日起きるわけじゃないし、電子決済なんかできなくても現金払いで十分だ。旅行に関する情報や技はいくらでも出てくるが、自分にとって何が必要かは実際に旅をしないとわからない。例えば、僕にとって格安航空券の情報は必要だが、マイルの上手な利用法はそれほど必要ない（めんどくさいのでいやになった）。すばらしいレストラン情報も、五つ星ホテルの利用方法も不要だ。旅行の細かい技など知らなくてもたいした問題はないし、旅をすれば自然と身についていくものだ。

ところで、若者が海外旅行に出なくなったといわれてずいぶんたつが、このたび政府観光庁が、それはいかんと、若者を海外旅行させるための施策を検討しているという話がニュースになっていた。政府が「若者よ旅に出ろ！」といって、若者がほんとに旅に出るのか僕にはわからないが、旅に出られる可能性があるのに、みすみすそのチャンスをいかさないのはもったいないとは思う。

もちろんそれは若者に限らない。中高年になっても元気であれば旅はできるのであり、短い人生の中で一度ぐらいは海外旅行してみるのも悪くない。

いったい世界中で、何人の人が自由に世界を旅できる状況にあるだろう。国連世界観光機関が発表した統計によれば、二〇一六年の海外旅行者数は約一二億三五〇〇万人だという。六人に一人が海外旅行をしていることになる。僕が旅を始めた一九八〇年代は二億人台だった。世界人口が四五億人の時代なので、二〇人に一人しかいなかったわけだ。だから、八〇年代から比較すると、世界各地の観光地が混み合ってきたのは本文でも書いた通りだが、今後も世界中で海外旅行者は増加する傾向にあり、ますます混雑していくことだろう。それほど多くの人々が世界を旅行する時代になったということは、海外旅行が世界規模でますます一般化し、身近なものとなっているということだ。旅行者用の施設も以前よりずっと充実しているし、対応する人々も多くなっている。

だから、今や海外旅行に出ること自体はまったくむずかしいことではなく、むしろ簡単すぎるぐらいなのだが、そういう時代に若者が海外旅行をしないのは、金やヒマがないというよりも、興味がないということだろう。そういう人を無理に海外旅行させる必要はないと僕は思うけれど、金とヒマがなんとかなり、行く気がある場合は、行かないのはかなりもったいない。

旅行は情報ではなく体験だ。どんなに美しい景色を写真やネットで見ても、実際の風景とは比較できない。例えばエベレストの頂上から中継された映像を見たところで、実際に山頂まで到達する体験とは比較できないのと同じである。そこに到達するプロセス、そこで見る光、呼吸する空気、感じる気温、匂い、それらすべてが合わさって体験できるものなのだ。

どのような準備をしていっても、旅には必ず想定外のことが起きる。あえていえば、それと向き合うことこそが旅だともいえる。万事予定通りに越したことはないが、考えもしなかったこと、予想できなかったことに驚きがあり、それこそが旅の記憶に残る。海外旅行そのものは誰でもできる。じつに簡単だ。たいした準備もいらない。問題が起きても何とかなる。それをご理解いただければ、この本を書いた甲斐があるというものです。

最後に、「世界・個人旅行者の一人あたりの費用」を制作してもらった前原利行さん、丁寧なチェックをしてくださった校閲さん、編集者の佐々木勇志さん、ありがとうございました。おかげさまでようやく一冊の本ができあがりました。

最後までお読みいただきありがとうございました。あなたの旅がよい旅になりますように。

二〇一八年三月八日　蔵前仁一

蔵前仁一（くらまえ・じんいち）

1956年鹿児島県生まれ。作家・グラフィックデザイナー。慶応義塾大学卒業後、80年代初頭からアジア・アフリカを中心に世界各地を旅する。個人旅行者のための雑誌「旅行人」編集長を務め、多くの旅行作家を輩出、バックパッカーの教組と呼ばれた。『新ゴーゴー・インド』や『新ゴーゴー・アジア』（ともに旅行人）をはじめ、『旅で眠りたい』（新潮社）、『あの日、僕は旅に出た』（幻冬舎文庫）、『よく晴れた日にイランへ』（旅行人）など著書多数。

わたしの旅ブックス

001

テキトーだって旅に出られる！

2018年4月30日　第1刷発行

著者――――蔵前仁一

イラスト――――蔵前仁一

ブックデザイン――マツダオフィス

DTP――――ISSHIKI

編集――――佐々木勇志（産業編集センター）

発行所――――株式会社産業編集センター
〒112-0011
東京都文京区千石4-39-11
TEL 03-5395-6133　FAX 03-5395-5320
http://www.shc.co.jp/book

印刷・製本――――株式会社シナノパブリッシングプレス

ISBN978-4-86311-187-5 C0026